公文書に載らない
東京都政と杉並区政

元都議会議長・前杉並区長
田中　良

都政新報社

公文書に載らない東京都政と杉並区政 目次

刊行に寄せて

田中良さんの直球の軌跡

日本郵政社長　**増田寛也**

本書は、議会人として、また、行政のトップとして、長い間東京都政や杉並区政に携わった、元都議会議長・前杉並区長田中良さんの軌跡を本人が包み隠さず素直な筆致で著した貴重な記録である。

田中さんを一言で表すと、常に直球で勝負の人、下手な小細工を弄することなく、信念に基づいて真直ぐに進んでいく人との印象がある。私と田中さんとの出会いはそれほど古いわけではない。本書にも記載されているが、杉並区民向けの特別養護老人ホームを静岡県南伊豆町に開設するという構想を、国や静岡県と粘り強く交渉してついに実現にこぎ着けたと聞き、直接お会いしたのが最初である。その後、私は都知事選に出馬、敗北した直後、田中さんから声掛けがあり、杉並区の地方創生担当顧問に就任した。そして、圧倒的な財政力の差を背景に、上から様々な課題を押しつけてくる東京都に対し、苦悩しながら果敢に対峙する田中区政を間近に見ることとなった。そこから見えたのは、直球勝負とともに原理原則を実に大事にされて、物事の交渉に臨んでいる田中さんの姿であった。

「そもそもこの制度は何のために作られたのか。そして、今の運用は区民のために本当に役立っているのか」。田中さんは、いつもこのことを自問自答しながら事に当たっていたように思う。これは、交渉の相手側から見ればとても手強いし、それ故、時には誤解される事もあったかもしれない。しかし、決して人気取りに走ったり、有力者に媚びることなく、都民や区民のためにという強い信念を持ち続けながら歩いてきたのは間違いないだろう。

本書は、田中さん自身が自らの足跡を、ある意味、赤裸々に余すことなく書き下ろしており、とても興味深い。これをきっかけに、政治を志す人のみならず、多くの人々が地方行政に深い関心を寄せることを願ってやまない。

議論好きの田中良さんと民主主義

明治大学名誉教授・博士（政治学）　青山　佾

田中良さんの人物を一言で表現すると議論好きの一語に尽きる。実は親しみやすい人なのだが、初対面でも、これはという人に対しては自分の意見をぶつけてくるので、びっくりする人もいるかもしれない。

10年以上前のことだが、私は教え子と待ち合わせして阿佐ヶ谷駅に行ったら、田中良さんが都議選の演説をしていた。普通だったら自分の名前を繰り返したり、多岐にわたる各種政策をひと通り語るのだろうが、田中良さんはその時は福祉政策のあり方について、理念的な話を延々としていた。具体例は出てくるが、繰り返しは一切ない。スローガン的な話もない。起承転結すべてを語り尽くそうとする。

だから田中良さんの演説に耳を傾けて入り込めば聞き応えがある。断片を聞いてもわからない。足を止めて聞きいればよいのだが足早に通り過ぎる人には効果がないだろう。

それなのに選挙に強いのはなぜかというと、一つは、選挙区内の要所要所はきちんと押えているからだ。地元を掌握して、区民の求めていることは肌感覚を含めて理解している。

田中良さんから私にたまに電話がかかってくると長電話になる。たいてい意見が違うし、私も向こうも一歩も譲らないからである。

そういう田中良さんが書いた本だから、本書は政治家の回顧録を超えて、政策議論の書となっている。批判を受けることを避けようなどという慎重さはなく、率直で明快な本となっている。基礎自治体の本音を語ってやまない。都議会時代の話も本質的なことが表現されている。

民主主義は議論から始まる。批判を恐れず率直に意見を出し合い、最後は力ずくではなく相互理解で譲るところから民主主義が成り立っている。田中良さんはメディア出身の故か、そういう民主主義を体現する政治家の代表選手の一人だと思う。本書は田中良さんが在野から出版する本だから余計、価値ある本となった。

前書き

187票差――私は令和4（2022）年の杉並区長選において、岸本聡子さんに敗れた。選挙戦で私を待ち受けていたのは、厳しいネガティブ・キャンペーンの連続だった。

「コロナ禍で公用車で群馬県北軽井沢のゴルフ場に出向いた」。私自身は公用車で行ったのは東京商工会議所杉並支部が主催した勉強会であり、問題であるとは全く思っていなかったのだが、新聞の見出しが殊更、「ゴルフ場」を煽り立て、さもゴルフがメインの会合に行っているかのような印象を与える記事だったから、選挙期間中もボディブローのように効いていた。

私はこれまで、杉並一筋で政治活動を続けてきた。区民との日頃の付き合いを通じて、目をつむっていても、この道はどこに通じ、公園や病院他の公共施設がどこにあるのか、どの地域が今どういう問題を抱えているのかを十分に理解しているはずだ、との自負もあった。もしかしたら己のどこかに

「私ほど杉並のことを考えている人間はいない」という慢心があったのかもしれない。猛省の日々である。そんな時、私に一通の手紙が届いた。

「新型コロナが広まり始めた頃、重度の障害を持つ私の長女は誤嚥性肺炎から退院したばかりでした。もしも私たち夫婦がコロナを発症したら、長女を介護する中で感染させてしまうかもしれない。基礎疾患がある長女が重篤化しないとは限らないし、受け入れてくれる障害者病棟があるとも限らない。八方塞がりの状況で手洗い、消毒、マスクをして、コロナに感染しないことをただ祈りながら、息を殺すようにして生活していました。

そんな中、『杉並区が障害者の両親・家族を一時的に預かる施設を用意する』とのニュース。私たち夫婦は救われた気持ちで、本当に励みになりました。世間では扱いが小さかったかもしれませんが、障害者のいる家庭には、このニュースが駆け巡りました。他の区のご家庭からは、随分羨ましがられたものです。この12年間の田中区政は、私の自慢であり誇りです」

小さいことであっても、私がコツコツと取り組んできた仕事に目を向けてくれている人がいる——。私は改めて、都民・区民の皆さんが様々な思いを持っておられることに気付かされた。同時に、これまでの取り組みをもっと知ってもらい、その上でご意見やご批判を聞いてみたい。そんな心境になった。

政治家にとって大切なのは、そこに住む人々が困っていることをどうやったら解決できるのか、あるいは将来世代に何を残していけるのかということだ。

本書を通して私が関わった東京都政、杉並区政を振り返り、いかに行政の障壁を突破してきたか、どう跳ね返されたかを知ってもらい、東京の将来像を考える一助にして頂ければ幸いである。

令和5年3月

田中　良

第1部

東京都政

第1章

見過ごされた問題

——東京五輪

◉ 〝都立〟のメインスタジアム

東京オリンピック・パラリンピックを巡る汚職・談合事件が世間を騒がせている。大会組織委員会の元理事で大手広告代理店・電通の元専務の高橋治之氏らがスポンサーなどから約2億円を受け取り、便宜を図るなどした疑いで、東京地検特捜部に逮捕・起訴された。また、五輪のテスト大会では、広告代理店の電通などが業界ぐるみで、受注の意向をリストにまとめ、落札結果がほぼその通りになったとされている。

彼らの行為は大会の価値を大きく毀損するものだ。多くの公金を投じ、公益性の高い五輪・パラリンピックでこういった事件が起こること自体、あってはならないことであるが、過去に都議会議長を務め、東京大会の誘致に少なからず関与した私としても、看過できるものではない。

東京2020大会は結局、コロナ禍で1年の延期を経て無観客と言う前代未聞の大会となった。杉並区からも大会組織委員会に派遣した職員がいるが、未経験の仕事を成し遂げた職員らの奮闘には労いの言葉をかけてあげたい。

五輪と自治体の関係で言えば、これを契機に都民のスポーツ環境が向上し、経済の活性化が期待されていたのだが、東京都全体では初期の想定を上回るお金を注ぎ込んだのではないだろうか。

東京都は2016年の招致に約150億円を投じたが、気運醸成のために商店街だけでなく神社仏閣などにもフラッグを立てた。しかし五輪招致の実態から言えば、領収書が必要な150億円よりもむしろ領収書の要らない10億円の方が有効だというのが、関係者の本音に近かったのだろう。どうしても招致を勝ち取りたいという時に人脈づくりや票集めをやらざるを得ないというのは、政治家の選挙と同じような心理なのだと思う。

もっとも、東京地検特捜部に逮捕された高橋治之氏は大会組織委員会の理事で「みなし公務員」だったが、わざわざ電通時代や大学時代の後輩のコンサル会社に敢えてお金を回していることから考えても、「あからさまにできないから、裏で通そう」という風にしか見えない。

五輪準備にとって電通の組織力が必要なのは分かるが、スポンサーとの契約を非公表のまま、丸ごと電通に任せてよかったのかという反省はある。例えば入札であれば、公平に、そしてオープンにできたはずだ。

電通が水面下でスポンサー契約を差配するという仕組みは、都民・国民には非常に分かりにくい。電通がその中で手数料を少し大目に取っていたということだけであれば、まだビジネスということで説明がつくかもしれないが（それでも五輪を利用したという批判は免れないだろうが）、高橋氏が個人で「仲介」してマージンを抜いていたとしたらそれは都民・国民にとっては払わなくてもいいお金であり、大会組織委員会の理事としては許されない行為だ。

さて、東京五輪に関しては、国民・都民が通り過ぎている出来事がある。開・閉会式や、陸上競技が行われるメインスタジアムの問題だ。令和3（2021）年の東京大会では、国立競技場がメインスタジアムとなったが、それまでの紆余曲折はあまり知られていない。

東京都の五輪招致は、石原慎太郎都知事の時代にスタートしたが、東京はそもそもメインスタジアムを持っていなかった。国立霞ヶ丘競技場は観客席やトラックのレーンが足りず、五輪のように大規模な国際大会を開催することができない仕様だった。

当時、石原知事は都議会で国の施設としてオリンピックスタジアムを整備する方針を明言していた。ところが、2016年の五輪招致では立候補ファイルをIOCに提出する段になって、メインスタジアムを「国立」ではなく「都立」で晴海地区に建設することを発表したのである。東京2020大会で選手村を建設した場所である。

二度の五輪招致を振り返ると、2016年招致では国家プロジェクトであったにもかかわらず、自民党政権は国立競技場の改築に向けて動き出すことがなかった。しかし、2020年招致では一転、それが可能になっている（スポーツ基本法の制定で、国が五輪招致に関与する方向性が明

お台場に設置された五輪のモニュメント

示されたこともある)。このことはなぜか、マスコミがほとんど触れていない。

東京都は2016年五輪招致において、メイン会場の整備は「国立」であることを前提にしていたが、現実的には神宮外苑の国立競技場を改修するか、晴海に新スタジアムを建設するかの二つに絞られていた。

「都としては、晴海地区に国の施設としてオリンピックスタジアムを整備する方針でありまして、JOCや国内競技団体の理解を得つつ、具体化に向けた検討を進めてまいります」。石原知事は平成19(2007)年2月、都議会で、私の質問に対し、こう答弁している。

しかし、同年5月、五輪招致委員会が

2016年東京五輪のメインスタジアムを都立施設として建設する方針を発表。石原知事も「五輪は国を挙げての一大プロジェクトでありまして、その象徴であるオリンピックスタジアムは、晴海に国立で整備するようこれまでも国に要望してきた。しかし、国は財政難ということで、現在の神宮の国立競技場では、IOCの求める五輪スタジアムや補助競技場を建設することは不可能であります」と転じている。

東京都の説明では、神宮と晴海を比較して①神宮では十万人規模の五輪スタジアムや補助競技場等の建設用地が確保できないのに対し、晴海では用地が確保できる②神宮に比べ、晴海は選手村予定地の有明北地区から至近距離にある③神宮は都市計画法等の規制が多い――という三つを理由に、スタジアムを晴海に整備することを決定したということだった。

「都立」とする点については、「国は、東京に二つの大規模な競技場を建設することはできないとの立場をとり続けている。そのため、五輪にふさわしいスタジアムを提供する開催都市としての責任を果たすとともに、大会後も、都民の貴重な財産として、スポーツ、文化の拠点を残すとの観点から、都立で整備することとした」と弁明している。

この「都立」の晴海案は結局、平成21（2009）年のIOC総会で東京が招致に失敗し、日の目をみることなく、白紙に戻っている。

東京都はその後、五輪招致に再挑戦することになるのだが、果たして、メインスタジアムの問題はどうなったのか。

結論を言えば、神宮外苑の国立競技場で、東京大会の開・閉会式が行われたのは、記憶に新しい。五輪招致委員会は平成24（２０１２）年、国立競技場を8万人収容のスタジアムに改築する基本計画を発表し、そのまま招致の成功につながったのである。

政府はその後、国立霞ヶ丘競技場の建て替えに当たって、国際コンペでイラク出身の建築家ザハ・ハディドが設計した案を採用したが、総工費が２５２０億円に上り、建設費が高すぎるという理由でこれを断念。安倍首相が「現在の計画を白紙に戻し、ゼロベースで計画を見直す」と表明している。後に、隈研吾氏の案が採用されたのは周知の通りである。これらはいずれも自民党政権下の出来事だった。

国立競技場を建て替える方針自体は、民主党政権下で意思決定したものだ。ではどうして２０１６年の招致で、自民党政権下で国立競技場の改築を打ち出さなかったのだろうか？

東京都の五輪招致の始まりはそもそも、森喜朗元首相から頼まれて、石原知事が言い出したと言われている。そうであれば、石原知事の立場からしても、スタジアムの問題は国の方できちんと片付けてほしい、という思いがあって当然だと思うし、少なくとも議会では、「国立」としての整備を求める考えを示していた。

しかし、2016年の五輪招致では、最終的には国が動かず、「都立」でメインスタジアムを整備せざるを得なかった、ということになる。

私は当時、都議会議員だった。都議会民主党の幹事長を務めていたが、その立場から言えば「都立」のスタジアムを晴海に整備する案は端的に言って、「約束違反」であった。本来であれば、五輪という国家プロジェクトである以上、メインスタジアムは「国立」で進めるべきだし、東京都もそれを前提に、招致に名乗りを上げたはずである。

そして正直に言えば、私は別の意味でも「困ったな」という感想を持っていた。なぜかというと、並行して築地市場の移転問題で、私たちは晴海に市場を移転する案を考えていたからである。

当時、築地市場は老朽化していて、どこに移転させるかが都政の大きな課題になっていた。都議会民主党の中には、築地市場移転に反対し、現地での再整備を求める意見もあったが、私としては「現地再整備は難しい」というのが基本的なスタンスだった。東京都の市場整備は長年にわたる現地での再整備計画が頓挫した歴史があったからだ。火事が起きて、その度に何年も計画が延期されていた。都庁内でも「現地は狭隘だし、無理があるから、移転を考えた方がいい」という流れが強かったように思う。

しかし、現在の豊洲市場予定地では当時、土壌汚染問題が深刻に捉えられていた時期でもあった。豊洲市場予定地は元々、東京ガスの工場跡地であり、平成20（2008）年に環境基準の4万3千倍のベンゼンなどを検出したことが判明。メディアでもそのことがクローズアップされ、「現地再整備に戻るべき」という世論が盛り返していた。

五輪招致の立候補ファイルでメインスタジアムを晴海に建設するという案が公表されたのは、ちょうどそんなタイミングだった。都議会民主党は晴海に市場を移転する案を考えており、仮にスタジアムが晴海に整備されたら、都議会民主党としても政策的に矛盾してしまう、というわけだ。

東京都がメインスタジアムを都立施設として晴海地区に建設することを決定したのは平成19（2007）年のこと。2年後には都議会議員選挙を控えていて、このタイミングでスタジアムを晴海に作る方針に急転したのはどうしても飲むことができなかった。

では、私たちはなぜ築地市場の移転先として、晴海を考えたのか。

先にも述べたが、豊洲市場予定地は元々、東京ガス工場跡地だ。都議会民主党には当時、東京ガス労働組合出身の島田実さんという先輩都議がいて、「豊洲は何が埋まっているか分からないから、風評被害を考えると市場には不向きじゃないの」という空気感が強かった。

土地を売却する際、仮に土壌汚染があったとしても、東ガスは土壌汚染関連の法令に則った対策は取るものの、それ以上の義務は発生しない。要するに風評被害に対応するまでの義務を負うことはないだろうし、そんなことをするぐらいなら土地を売却するつもりもない。東京都が法令以上の風評被害対策としての土壌汚染対策の費用負担を求めるのであれば、ご自分でやってください、ということだろう。

しかし、土壌汚染問題は予想していたとはいえ、メディアでもどんどん拡大していく。そうした中で、都議会民主党としては、市場の移転先は豊洲ではなくて晴海がいいのではないか、という考え方を強めていったのだ。

都議会民主党は石原都政に対しては「是々非々」のスタンスではあったが、基本的には五輪招致には協力的な立場を取っていた。ところが、メインスタジアムが国立競技場の改築ではなく、晴海に「都立」で新設するというのであれば、前提が大きく異なってくる。建設費だけでなく、維持費も当然、都政の重荷になるだろう。五輪を最優先に都政の物事を決めていくと、それぞれの政策が歪んでくるし、私たちとしても本意ではない。こうして私たちは、五輪招致は降りよう、という考えに傾いていった。

そんな折、波紋を広げたのが「国会決議」の問題である。

◉自民党の重鎮と――国会決議の行方

国会での五輪招致決議は東京都だけでなく、国とも一体となって五輪招致を推進するのだという形を示す意味がある。海外の主要都市と競り合うのだから、それが絶対に必要ということで、国会では決議の話が持ち上がっていた。

しかし――。

私が民主党（当時）の小沢一郎幹事長に目前に迫る都議選対策や都政の状況報告をした際に、何気なく、「もう五輪は降りてもいいぐらいだ」という話をぽろっとこぼしたことがある。小沢さんはその時、「ホーッ」と聞いていて、何も答えなかったが、蓋を開けてみると決議が本当に止まってしまったのである。当時は政権交代前で、自民党が政権を握っていたが、参議院は民主党が第一党を占めており、影響力は大きかった。

五輪を推し進める立場の自民党としては「国会決議」はどうしても必要だから、当然、「犯人探し」が始まった。なぜ決議が止まってしまったのか？ 原因を辿っていくと、「どうも田中良が止めたようだ」――という話になって伝わったらしい。

間を置かずして、都議会で旧知の高島直樹さん（現・自民党東京都連幹事長）から電話が入ってきた。「国会決議の手続きを止めたのは、田中良ちゃんなのか」「ちょっと会って話を聞いてほしい」。

待ち合わせ場所に指定された帝国ホテルのラウンジに行くと、当時、「都議会のドン」と言われた自民党の重鎮、内田茂さん（故人）もいる。2対1であった。

「良ちゃん、どうして決議に反対なんだよ」「ここまで共に五輪を進めてきたんじゃないの」

ここは折れるわけにはいかない。

「だって、おかしいじゃない。国立競技場を建て替えるという暗黙の前提で全て進んできて、何で急にメインスタジアムが晴海になるんですか。晴海のスタジアムの建設費も1300億円。ちょっと寝耳に水で、納得できる話ではないですよ」

こちらも悪意があって邪魔しているわけではないのだが、東京都側の方針を承服できないということを伝えた。すると驚いたことに、内田さんと高島さんは、「自分たちも晴海（のスタジアム）には反対だ」「（東京都の方針には）センスがない。良ちゃんのいう通りだ」と言う。拍子抜けしてしまった。

どういうことなのだろう？　現に立候補ファイルでは、晴海に五輪に向けたスタジアムを整備するという案が出てきていて、その賛否が問われているのだが……。恐らく自民党としても、国立霞ヶ丘競技場の建て替えを大きな課題として認識していたのだろう。彼らは「五輪を契機に神宮外苑をもう一回、再構築するという計画は、東京のまちづくりとして考えるべきこと」という趣旨のことを話していた。

この時、彼らが言っていたのは、「五輪招致が決まった暁には晴海の案を潰して、国立霞ヶ丘競技場の改築に持って行く」ということだった。話し合いの席上、「自民党の総力を挙げてやるから信頼してほしい」ということで、国会決議への協力を懇願されたのである。しかし、いくら何でも、このように政策的に大事なことを、「信頼関係」で丸めるわけにはいかない。「では、そのことを念書に書いてくれますか。そうでないと了解できない。そういうけじめがないと、通らないでしょう」

最初は渋る二人だったが、結局、念書は書いてくれた。メインスタジアムを含めた施設については、総力を挙げて見直しを検討するというような、少し抽象的にした内容ではあったが……。対外的にこの内容で説明するとの約束を取り付けたが、「絶対に（現物は）外に見せないでくれ」ということだったので、現物は今も双方の金庫に眠っているのだろう。

五輪招致を国が支援する旨の国会決議案は平成21（2009）年3月、参議院本会議で、自民、公明、民主の賛成多数で可決されている。

自民党サイドからは、いかにも私に責任があったかのような言い方もされたが、私自身、国会決議の重要性は認識していたから、石原知事の行動を促そうとしたことは付言しておきたい。石原知事に二人で会ったときに、「ご自分で衆議院・参議院の正副議長と各党の代表を回って、仁義を切った方がいいですよ」と助言した。仮に五輪招致を言い出したのが他の人であっても、五輪を招致するのは東京都であり、そのトップは石原知事だ。知事自身、自民党のＯＢであり、息子二人は現職の衆院議員である。それだけに自民党内の雰囲気からしても「石原ファミリーが全然、動いていない」と冷ややかな雰囲気も漏れ伝わってきていた。それに加えて、参議院議員宿舎の建て替え問題があり、自民党も含めて東京都に反発を持つ国会議員も少なからずいた。これは、千代田区紀尾井町にある「清水谷議員宿舎」を建て替えたい参議院に対して、東京都の猪瀬直樹副知事（当時）が待ったをかけたことでこじれたものだ。

しかし、当の石原知事は「議員連盟に任せているんだ」とにべもなかった。当時の衆院議長は河野洋平さんであり、民主党の幹事長は小沢一郎さんだ。いずれも、石原知事とは微妙な関係と見られていたし、もしかしたらそういう人たちに頭を下げて回りたくなかったのかもしれない。

実際、衆院で国会決議が議事として準備されていた頃、河野議長のところまで上がった折に、「聞いていない」とストップがかかってしまったのだという。

石原知事からすれば、森喜朗さんの要望を受けて五輪招致を打ち上げたのであり、国家プロジェクトとして当然、政府が率先して動くものだと期待していたのだろう。ところが、途中から国会議員が動かない状況にいら立ったに違いない。メインスタジアムも「国立」の競技場を改修する話が遅々として進まず、業を煮やして「都立」で整備すると言ったのだろう。結局、政府と自民党、そして東京都がバラバラだったのではなかったか。

それにしても不思議だったのは、どうして2016年招致のプランでは、国立競技場の改築ではなく、晴海案が出てきたのか、ということだった。自民党ではその直後、昭和51（1976）年のモントリオール大会に射撃で出場した経験がある麻生太郎氏が首相に就任するぐらいなのだから、五輪に思いがあれば、国立競技場を国として建て替えるぐらいの意思決定をしてもおかしくない。

なぜ、「国立」ではないのか？　石原慎太郎知事と1対1で会ったときに聞いたことがある。都庁舎の正面に建つ京王プラザホテルの一室。石原さんは施設の図面らしき資料を引っ張り出してきた。しかし、「（改築は）できないんだよ」と繰り返すばかりで、図面に関する説明をしようともしない。私からは、「五輪をやるのであれば、晴海にスタジアムを造るのではなく、国立競技場を改築すべきではないですか」と伝えたのだが、結局、どうして神宮で「できない」のかははっきりしないままだった。

そして2016年の五輪招致でできなかったはずの国立競技場の改築が、2020年ではできるようになった。当時、このことをきちんと取材・報道したメディアがあっただろうか。国立競技場の建設は1500億円超を投じた巨大プロジェクトである。実務的には、国立改築の意思決定はその後の民主党政権下で行われたが、そうであれば、課題がどのように整理されて、そういうことができるようになったのか、きちんと明らかにすべきだと思う。

現在、旧民主党の流れをくんでいる立憲民主党や国民民主党、そして都民ファーストの会の一部も、意思決定に関わった当事者だったはずだが、この間の経緯を見ていると、都議会を含め、こうした議論をした形跡は見られない。私が所属していた旧民主党が良くないのは、自分たちで始めたプロジェクトなのに、野に下った途端、それを放り出してしまったところにある。新国立競技場はその後、建設に至るまでに、建設費の一部が東京都や国で負担を押し付け合う構図になった。これは決して、都民の負担とも無縁ではないはずである。それなのに、そうした議論を自民党だけに任せてしまったのではないか。

五輪・パラリンピックというのは「国会決議」を挙げたように、皆でやるものであって、自民党1党だけのイベントではない。民主党はその後の選挙で数を減らしたとはいえ、意思決定の責任があることに変わりはないのだから、少なくとも自分たちも議論に加えるよう求めるべきだった。そういうことを言えなかったというか、責任を回避して面倒な話は背負わないというのは違うと思う。

◉招致の「顔」は誰か

メインスタジアムの問題もさることながら、２０１６年五輪は招致の「顔」をどうするかでひと悶着があった。

五輪招致というのは、ＩＯＣ委員に賛成の票を投じてもらうため、各国の元首クラスや王族・皇室が演説するのが通例だ。２０２０年招致では、ブエノスアイレスで行われたＩＯＣ総会で、安倍元首相が演説して福島第一原発事故に対する理解を求めたし、高円宮久子殿下が復興への感謝を伝えられた。また２０１６年招致を勝ち取ったリオデジャネイロはサッカーの神様・ペレを連れて来ていたし、敗れはしたものの米国のシカゴはバラク・オバマ大統領がスピーチを行っている。

しかし、東京はこの時、ＩＯＣ総会を間近に控える中でも、「顔」が決まっていなかった。その直前には政権交代があり、首相が代わったことも影響したかもしれない。

石原知事はしきりに、招致委員会の名誉総裁として皇太子殿下ご夫妻に就任を要請する意向を明らかにしていた。確かに皇室は、欧州の王室・貴族を中心とするＩＯＣにおいて、高い人気がある。皇太子殿下が出られれば、インパクトは大きい。しかし折しも、石原知事本人が五輪のために都知事選挙に出馬するとして、五輪招致と知事選を関連づけて政治課題とする中で、各国の立候補都市と競い合い招致活動を行う招致委員会の名誉総裁就任を皇太子殿下ご夫妻に要請するという発言の流れには、宮内庁は反発したのではなかろうか。宮内庁は招致決定後であれば皇室の協力はイエス、他国と争う場面での関わりはノーという仕切り方なのだと思う。

平成21（２００９）年を振り返ると、2月には立候補ファイルをＩＯＣに提出し、3月には国会で招致決議が可決。4月になるとＩＯＣの評価委員会が5日間にわたって東京を視察した。6月には都議選で民主党（当時）が第一党に躍進、翌7月には総選挙で政権交代と慌ただしく日程が進み、そしていよいよ10月、デンマークの首都コペンハーゲンにおけるＩＯＣ総会で開催都市決定が迫っていた。ところが、石原知事が招致の「顔」として皇太子殿下のご列席にこだわる一方、宮内庁は依然として頑なにガードを固めて、にっちもさっちもいかない状況が続いていた。

そんな折、「顔」を担ぎ出すきっかけになる出来事があった。

私は当時、都議会議長を務めていたが、オーストリアの大使夫人から「都庁と都議会を見学したい」という連絡を頂いた。これを丁寧にご案内したところ、「お礼がしたい」ということでウィーン・フィルハーモニー管弦楽団のコンサートにご招待頂いたのである。

この時のレセプション（歓迎会）で通されたのは、サントリーホールの社長や楽団の指揮者、それに高円宮妃久子殿下さまと錚々たる顔ぶれの主賓テーブルだ。高円宮さまはスポーツに造詣が深く、都庁には当時から五輪招致に何かの形で協力して頂けないか、との期待感もあった。

先述の通り、石原知事が皇太子殿下を担ぎ出そうとしているのに対し、宮内庁が難色を示しており、事務方から高円宮さまへ協力を打診したくとも、石原知事と宮内庁が突っ張り合った状態ではどうにもこうにもならない状況だったから、高円宮さまとの懇談の中で、「都庁では、高円宮さまに対する期待が高まっているようですが、どうでしょうか」と話を振ってみた。

すると堰を切ったように、「あなた、今のままでは駄目ですよ。石原さんも色々とやっているみたいだけど、ああいうやり方では駄目です」と言われるではないか。逆に「今、旬なのは誰よ」と尋ねられ、「はぁ……」と口ごもっていると、「鳩山由紀夫首相でしょう。(同じ民主党の)あなたが連れて行きなさい」。

なるほど、これは自分の仕事だったのか――はたと気付かされた私は、レセプションが終わるや、帰りの公用車から東京都の五輪招致本部長に電話をかけて尋ねた。

「五輪招致の『顔』はどうなっているの」

「本当に困っているんです。石原知事と宮内庁との関係もうまく行っていません。首相官邸にも打診しているのですが、首相の外遊が立て込んでいて、それどころではないという感じで……」

「じゃあ、私の方からも働き掛けてみるから」

「お願いします」

都議会で同期だった中山義活首相補佐官に「何とかならないか」と打診したところ、彼を通じて平野博文官房長官に話が行き、「田中議長がそこまで言うなら、何とか調整してみよう」と前向きな返答を得たのだった。

ＩＯＣに対するプレゼンテーションが差し迫った平成21(２００９)年秋の都議会本会議。中山補佐官から電話をもらったのは、私が議長席で議事を進行しているときだった。本会議が閉会

コペンハーゲンで行われたＩＯＣ総会でプレゼンを行った直後の鳩山首相

してからすぐに折り返すと案の定、五輪招致の件で「鳩山首相の了解が取れた」とのことだった。

　中山補佐官と電話で話していると、ちょうど石原知事が議会閉会後のあいさつで議長室にやって来た。「今、目の前に石原知事が来たから、直接、伝えてほしい」と私の携帯電話を石原知事にかわってもらい、「首相を行かせます」との約束を取り付けることができた。

　それでも、急に決まった鳩山首相の演説だ。準備不足で五輪招致の足を引っ張るようなことがあってはいけないから、鳩山首相の側近には「世界が注目しているから、しっかりと準備をして恥をかかせないように」と伝え、何とかプレゼンテーションを成功裏に終えることができた。

結局、この時の五輪招致は失敗したが、あの時点で出来る最善を尽くすことが出来たと思う。石原知事としては鳩山首相を快く思っていなかった部分もあったかもしれないが、五輪招致の件では感謝していたのではないだろうか。その証拠に、IOC総会が行われたコペンハーゲンから帰国すると、ピンクの花束を持参して鳩山首相の自宅を訪問し、感謝を伝えたそうである。

◉非科学的な科学者の説明

東京2020大会は新型コロナの影響で「無観客」になったが、五輪教育の一環として子どもたちに競技を生で観てもらう「学校連携観戦」でも実は、水面下で都との激しい折衝があった。

東京都は当初、競技場周辺が混雑するから、電車で引率して、1駅前で降りて歩いて競技会場に入るというプランを立てていた。その時点で「どこがチルドレン・ファーストなのか」と疑問に思っていたが、杉並区教育委員会が東京都に問い合わせても、まともな打ち返しがない。何回、質問しても回答がないということは、裏を返せばその先が決まっていない、上層部の判断ができていないということだと思う。現場は、とてもいら立っていたように思う。

コロナ禍ではなお、悪いことになった。多くの区が新型コロナの感染拡大を理由に中止を決断する中で、杉並区は決行した区の一つだった。大会を無観客としたこと自体は苦渋の決断であり、残念なことだったが、逆に言えば一般の観戦者は会場に入らないということでもあり、競技会場の中は世界一安全な空間になったとも言える。なぜなら、会場内に入場できる人たちはアスリートや大会関係者、メディアなど、ＰＣＲ検査や抗原検査を毎日、徹底することになっていたからだ。言い方を変えれば、世界で最も適切に管理されている空間であり、安全に競技を観戦させることができると考えていた。

当時、「子どもの命を危険にさらすのではないか」と過度に不安視する人もいたが、むしろ逆で、客観的に見れば子どもを塾に行かせるよりもよほど安全なのである。当時、政府の有識者は「学校連携観戦プログラム」の実施について「感染状況はかなり悪い」などと述べ、慎重な姿勢を示していたが、これは全く科学的ではなくて、大衆のエモーション（感情）に媚びるような、残念な発言だったと記憶している。

同時に学校連携観戦には行きたい人と行きたくない人といる。コロナの時代というのは、「0か1か」「どちらが正しいか」ということではなくて、行きたい人も行きたくない人も両方とも尊重することが大事だと考えていた。行きたくない人には無理矢理行かせないし、行きたい人については可能な限り、リスクを軽減できるようにサポートする必要がある。行く人に対して、行かない人が非難するのは間違いで、その逆も間違いだ。双方がコロナに対する考え方に違いがあり、家庭の事情もそれぞれ違うだろうから、どちらをも尊重する必要がある。

従来の学校教育では、児童・生徒が全員でできなければやらない方がいい、全員でやれるかやれないかを判断基準にすることが多かったように思うが、杉並区では全員でやる・やらないという対立軸で判断した場合、観戦に行きたい子どもが行けなくなってしまうこともあり得るし、感染の不安から会場に行きたくない子どもを半ば強制的に連れ出すこともあり得る。それは、両方にとって不幸な判断だと思う。

だから双方の意思を尊重する形で、教育現場も考え方を変えなければ駄目だと私は考えていた。無理矢理行かせないし、行く人を行かない人が非難をしない。その逆も駄目だ。学校連携観戦を「相互尊重」の実践教育の場として活用すればいい、と判断していたのである。

ところが、東京都はどういう対応を取ったか。五輪は学校連携観戦をやらない、パラリンピックではやる、ということであった。当時、感染者数が右肩上がりに増えている中での判断だ。

私は五輪の開会直後、東京都の教育長に直接、疑問を呈した。

「無観客ってことは安全な空間になったということだから、子どもを行かせればいいじゃないか」

「残念なんですが、五輪は難しい。パラリンピックを何とかしたいと思っています」

当時、感染者数が増加傾向にある時期で、なぜ五輪は駄目で、パラリンピックならいいのか、どういう判断基準なのか。東京都側の非科学的な対応には閉口してしまった。科学を教えるのが教育なのに、そのトップに立つ教育長の説明は非科学的だった。東京都は科学的な根拠をベースに判断し、きっちり説明すべきだが、ムードというか、圧力に屈した形になってしまった。私は今でも、五輪のように歴史的な出来事は、より多くの人が体験できるようにすべきだったと思っているが、小池知事が世論を気にするあまり、決断できなかったのかもしれない。マスコミも学校連携観戦を「危険」と煽っていた節があったが、それこそ「自粛警察」のような話である。コロナ禍の五輪学校観戦の中止は、世論に迎合するような出来事だったように思う。

実は同じようなことは、成人式でもあった。令和3（2021）年、23区の中で唯一、成人式を開催したのが杉並区だった。実はその前週まで、他の区長たちからは「絶対にやります」という声を聞いていたのだが、その後、区長たちから「情けない話ですが、成人式はできなくなりました」「議会に外堀を埋められました」などの連絡が相次いで入り、気が付けば杉並区だけが「開催」で残ったのだった。

国や東京都は当時、「密」を回避するために、集団でのイベントや酒盛りを自粛するよう呼び掛けており、恐らく新成人たちに酒盛りを自粛するよう呼び掛けても、「どうせ聞いてくれない」という思いがあったのかもしれない。しかし、私はまず、新成人が大人の第一歩として「自制心」を持つことを約束してもらいたかったし、実際にそれを信用した。

マスコミからは批判的な論評も受けたが、今から考えると、やはり実行してよかったと思う。彼らにとっては、人生で一回きりのイベントなのだ。新成人から「一生に一度の晴れ舞台。嬉しかったです」という声を掛けてもらったときには、報われた気がしたものである。

科学的に危険ということならまだしも、成人式は何もどんちゃん騒ぎをするわけではない。参加するか否かはそれぞれ考えがあることで、区としては天井の高い公会堂で感染対策さえ取っていればリスクは低いと判断した。

ちなみにこの日、ラグビー大学選手権の決勝戦が国立競技場で行われた。東京都は「試合後の飲み会なし」を呼び掛けたようだが、例年の状況を見れば勝者も敗者もその後は宴会に流れることが容易に想像できる。この試合は有観客で行われたが、杉並区の成人式開催を批判した人たちは、ラグビー大学選手権の開催については何も言わなかったのだろうか。冷静に考えれば、成人式に対する批判がいかに的を射ていないか、分かりそうなものだ。

第2章 東京都の懸案——市場移転

◉築地市場移転の真相

前章でも少し触れたが、築地市場の移転を巡る混迷は1970年代にさかのぼる。築地市場は当時から施設の老朽化・狭隘化、アスベスト、耐震性、衛生管理などの問題が山積しており、昭和61（1986）年にいったん現在地再整備を決定。しかし、この計画は市場の事業者が営業を続けながら工事を進めることになるため、敷地内で施設を移転する「ローリング」を繰り返す必要があり、工期が長期化、建設費も膨張し、計画は頓挫した。

石原知事が就任したのは平成11（1999）年4月。その頃から東京都では水面下で築地市場の移転に向けた動きが始まっていた。ある時、当時の中央卸売市場の幹部から「ゆっくり一杯やりながら話しませんか」というお誘いがあった。お誘いと言っても、私が店を指定して勘定を済ませた記憶があるのだが、内容はまさに市場の「移転」に向けた根回しだった。

「現在地再整備は不可能」――この考えに至った経緯を説明するため、時計の針を少し巻き戻す。平成5（1993）年、私は日本新党の公認で都議会に初当選した。当時、日本新党で政務調査会の事務局長に就いていたのは、都庁ＯＢのＭさんだ。恐らく、政治未経験者が多かった日本新党の教育係を兼ねて招聘したのだろう。私たちは都政の課題についてよく、懇談させてもらっていた。

中でもよく聞かされたのは、築地市場の現地再整備案の件だった。「仮に現地で再整備をやるのであれば、（鈴木俊一知事時代に作った）計画でしかできません」。築地市場の現地再整備は当時、決定事項だったのだが、それでも工期の遅れや整備費の増嵩《ぞうすう》、そして業界調整の難航から計画通りに進まなかった。裏を返せば、これで駄目ならば現地再整備は不可能という認識を私は持ったのである。その頃、築地市場で何度か火災が発生しており、その度に計画は遅れていった。

同時期、都政の大きな課題としてバブル崩壊後、臨海副都心計画も危うい状況にあった。青島幸男知事による世界都市博覧会の中止もあって臨海部、特に今のお台場エリアに当たる広大な「13号地」に2兆円を投入して共同溝を整備したものの、進出を期待されていた民間企業が次々に撤退し、広大な遊休地が残されていく。そうした中で当時、都議会日本新党の政調会長だった古賀俊昭さん（故人）が「築地市場を臨海へ持っていったらどうだ」という思い切った提案をしたのだった。これが都議会で初めての築地移転論だったと思う。

話を戻すと、鈴木－青島－石原と都知事が交代していく中で、移転への流れが都庁内でも醸成されていった。市場幹部とのこの夜のやり取りは今でも鮮明に覚えている。

「市場移転を考えています。移転予定地は豊洲です。ぜひご協力をお願いします」

「移転はやむなしと考えているが、市場関係者の合意は必要条件だ。私としては、それが条件になるでしょう」

「任せてください。関係者の合意は必ず取り付けます」

話題は後に問題になる、土壌汚染の風評被害にも及んだ。

「予定地が豊洲となると、東京ガス工場の跡地だから、土壌汚染がネックになる。風評被害を軽く見てはいけないのではないですか」

「いや、大丈夫です。上からコンクリートで覆ってしまえば、何の問題もありません」

「そんな簡単なことで済むでしょうか？　軽く見ない方がいい」

結果を振り返ると、市場関連団体の最も要である東京魚市場卸協同組合（東卸）の移転決議は最後まで取り付けることができなかったし、土壌汚染問題に対する東京都庁の当初の認識は世論と全くずれていたことが分かる。後に約860億円もの巨費を投じて土壌汚染対策をやらざるを得なくなったのである。

都政の懸案である築地市場の移転を進めるため、東京都は平成13（2001）年12月、「東京都卸売市場整備計画（第7次）」で豊洲市場に移転する方針を正式決定する。

当初はそれほど、土壌汚染問題が深刻に捉えられていなかったし、とにかく築地の現地再整備ではどうしようもないし、築地市場は首都直下地震が来たらもたないほど老朽化していて、不衛生だから、できるだけ早く移転しなければならないというのは、私も共通認識としてあった。

　そして数年後、政権交代前夜に土壌汚染を煽っていたのは、国の民主党だった。都議会議員出身で、後に鳩山由紀夫首相の補佐官にもなった中山義活衆院議員らを中心に現地再整備を訴え、移転反対派が彼を支援しているという構造にあった。平成21（2009）年の都議選の第一声も築地の正門前で上げることになってしまった。

　当初、党本部の選挙公約にあったのは、「築地市場の移転反対」というものだった。しかし、私はこれに「強引な」という文言を加筆し、「強引な移転に反対」と修正した。両にらみで進める余地を残さないと落としどころがなくなってしまうと考えたからだ。

　このことはある程度、東京都の幹部も認識していて、私たちが全面的に築地市場の豊洲移転に反対しているとは考えていなかったはずである。現に都議会レベルでは、豊洲新市場建設予定地の用地取得は平成22（2010）年度以前に計4件あり、民主党は過去の移転関連予算案には賛成していた。これらは豊洲市場全体の面積の4割弱を占めている。

　その年、民主党は平成21（2009）年の都議選で第1党に躍進し、更に政権交代が実現する。東京都が予定していた平成26（2014）年度の築地市場移転に「待った」をかける形で、市場移転に慎重な勢力が民意を得る形になったのである。ただ、実情としては、築地市場の移転は過去の経緯を考えれば、簡単にストップできるものではないことは理解していたが、都議会民主党の中にも若手を中心に築地市場の移転に強行に反対する議員が少なからずいたし、移転反対派の中山衆院議員が首相補佐官として政権の中枢に入ったこともあって、会派の取りまとめと官邸の説得には骨が折れた。

築地市場の移転を巡って、東京都で大きな分岐点になったのが、平成22（2010）年の都議会第1回定例会である。豊洲新市場予定地を購入する費用を盛り込んだ予算案が審議にかけられようとしていて、これに各党の賛否が鋭く対立していた。もっとも、豊洲市場の予定地を購入するという意思決定は一度だけでなく、以前から何回かに分けて購入していて、議会では散々、議論をしてきた問題だった。ただ、この時は築地市場移転に慎重な会派が議会の過半数を占めており、議会全体としてこれを認めるかは、流動的な状況だった。

実は、私は東京都側には築地市場の移転関連経費を当初予算案にかけるのではなく、少し間をおいて別途、補正予算案で提出してもらえないかと打診したのだが、断られていた。なぜ当初予算案を回避したかったかと言えば、平成21（2009）年の都議選とそれに続く衆院選で大敗した自民党との感情的な対立が激しく尾を引いており、少し冷却期間を置きたかったからである。しかし、東京都側は「どうしても当初予算案でやる」というスタンスで、当初から「相当、大変なことになるな」と感じていた。そういった状況下で平成22（2010）年、新年早々から水面下での調整が始まったのである。

東京都側の窓口は、佐藤広副知事と村山寛司財務局長（いずれも当時）。彼らが求めていたのは「当初予算の原案を通してほしい」という一点だった。しかし、事はそう単純ではない。身内の都議会民主党内でも、議員によって考え方は様々だ。それに加えて首相官邸の意向、特に地元選出の中山義活首相補佐官の考えも確認する必要があった。

そこで後日、中山補佐官に来てもらい、東京都庁幹部との懇談の場をセットした。都庁幹部からは市場移転に向けた考え方を説明してもらい、中山さんにこれを持ち帰ってもらったのだが、その後の首相官邸から返ってきた正式な回答は、「移転反対は選挙公約なので、しっかり守って欲しい」。この頑なな内容は却って、東京都側に「豊洲移転反対」を強調する印象になってしまい、私としては悩ましい立場に立たされることになった。

当時の都議会の勢力から言えば、第一党の民主党が共産党などと組めば議会の過半数を超え、市場移転の予算案を否決できる構図にあった。しかし、その後はどうするのか。築地市場の移転というのは神田にあった青果市場を大田市場に移転するのと同時期から延々、先送りされてきた問題なのだ。豊洲移転を一時的にストップしたからと言って、築地市場が抱えている老朽化や不衛生な市場環境といった課題が解決できるわけではない。市場関係者には先行き不透明な状態で、蛇の生殺しのような日々を過ごさせてしまうことになる。だから、仮に市場移転案を否決するにしても、その後の市場の在り方に責任を持つ決定でなければ、単に都政を混乱させるだけになるのである。

端的に言えば、原案を反対して否決したはいいが、石原知事がそれに代わる案を了解し、問題を解決するためには「民主＋共産」の過半数がしっかりと石原知事をサポートすることが必要になるはずだ。そういう腹を括らなければ、東京都側の協力は得られまい。そこで私は共産党の幹事長にその点をただしたところ、「悪いけれど、うちはそこまでの責任は負えないよ」とのことだった。築地市場問題の解決よりも、世間に「移転反対」をアピールする方が大事だということなのだろう。私は自分たちが都政第一党、そして政権与党の立場にある限り、泥を被ってでも長年の懸案を解決に導くべきだとの考えで、共産党との共闘は排除した。

中山補佐官との話し合いが不調に終わった後も、私と佐藤‐村山コンビとの水面下の調整は続いた。会派内にも漏れないようにしなければならなかったから、週末に荻窪の私の事務所やレストランなどで秘密裏に会合を持った。彼らの提案はつまるところ、最終的に「議長一任」で決めてほしい、というもの。議決の手順をチャートにした資料を持参してきて、色々と説明してくれるのだが、どうして事務方からそんな案が出てくるのか、不思議でもあった。

思わず「これって内田（茂）さんの案なの？」と訊くと、「いや、全く他の方には見せていません」と言う。

しかし、内田さんに内緒で勝手にこんな思い切って政治に手を突っ込むようなことを言えるわけがない。このチャートは、見ようによっては外堀を埋めてじわじわと私を追い込みますよ、と言わんばかりのものだったのだ。

大体、民主党内は私の一存で簡単に決められないほど、議員によって様々な意見の幅や立場の違いがあった。私たちはその後も何度か話し合いを持ったものの、結局は都庁官僚の二人とではなく、内田さんと直接、話し合いをすることになったのである。

都議会で予算議会に突入した平成22（2010）年3月のある夜、指定された赤坂プリンスホテルの一室に向かうと、内田さんと高島（直樹）さんが待っていた。論点は一つ。予算をまとめるために何とか協力して欲しい、ということだ。不思議なようだが、私と内田さんは何かあれば話をするのだが、長時間にわたって議論するということは滅多になかった。大体、会うときにはこちらもある程度、腹を決めて臨むので、○なら○、×なら×でお互いに論争することはなかったのである。

内田さんたちの提案は、予算原案を通すための「付帯決議」について自民、公明、民主の3党で実務者協議会をつくろう、ということだった。私は先述の通り、何とか市場移転問題を「解決」に持っていきたかったから、共産党はパートナーになり得ず、自民、公明両党と話し合うしかないと考えていた。ただ、民主党内、特に前年の都議選で初当選した新人たちを中心に、自民、公明両党との話し合いに否定的な議員も多くいたから、この案を会派に持ち帰ってから、執行部には非常に苦労をかけることになったのだが……。

また、民主と自民、公明の3党は中堅の議員をメンバーとする実務者協議会を設置することでまとまったものの、あくまでも合意したのは「設置」だけであり、この時点では中身については何ら目処が立っていないのも事実だった。その点、私は内田さんにはっきりと伝えていた。ただ、膠着状態から取り敢えず動き出そう、という意味では「前進」とも言えた。

ほどなく、内田さんが「ちょっと心配している連中が近くにいるはずだから、呼んでもいいか」と言う。しばらくして入ってきたのが、前出の佐藤広副知事と村山寛司財務局長。私としては「やっ

（付帯決議の内容）
築地市場の老朽化を踏まえると、早期の新市場の開場が必要であるが、これを実現するためには、なお解決すべき課題が多いことから、予算の執行に当たっては、以下の諸点に留意すること。
（1）議会として現在地再整備の可能性について、大方の事業者の合意形成に向け検討し、一定期間内に検討結果をまとめるものとする。知事は議会における検討結果を尊重すること。
（2）土壌汚染対策について、効果確認実験結果を科学的に検証し有効性を確認するとともに、継続的にオープンな形で検証し、無害化された安全な状態での開場を可能とすること。
（3）知事は、市場事業者それぞれの置かれている状況及び意見などを聴取し、合意形成など「新市場整備」が直面している様々な状況を打開するための有効な方策を検討すること。

ぱりな」という感じだったが、その後は会談内容の説明と都政全般について様々な意見交換や議論を重ね、気が付いたら日を跨ぎ、午前2時近くになっていた記憶がある。

結論から言えば、この予算案は、都議会として築地市場の移転と現在地再整備の案を比較・検証し直して、その結論を都知事は尊重するという「付帯決議」を付して可決された。市場移転問題というのは8割方、これにより決着したと言ってもいい。

しかし、最終局面ではその条件を巡って、自民党との間で協議が難航した。

議会全体で付した条件というのは元々、私たちが提案していたことだった。市場移転をどうするかは、各党、そして民主党内にも色々な意見があったから、東京都の中央卸売市場とは別に、議会局に築地市場の移転・現在地再整備を検討するセクションを作り、両方の案を丁寧に比較しようとしたのである。そうすれば、築地市場の現在地再整備が現実的にいかに難しいか、自明だと私は内心、考えていたからだ。

しかし当初、この条件を自民、公明両党は飲まなかった。都議会が出す結論しだいでは、石原知事が今までの考えを翻意して、豊洲市場の移転を断念する可能性を懸念したのかもしれない。民主党と自民、公明両党の3党の実務者協議では合意に至らないまま、都議会での採決が間近に迫っていた。都議会の決裂必至の状況下で私が最後の手段として、石原知事に直接、ボールを投げることにした。民主党の責任者だった私自身が石原知事に「約束」する形で、議会全体を動かそうとしたのである。

私たちが条件にしようとしていた「付帯決議」の建前は、現在地再整備を検証することになっているが、私個人は現在地再整備がほぼ不可能であることが分かっていて、民主党内の議員らに対する説明も重ねていた。「現地での再整備が無理だから移転という話になっているんでしょう。現地再整備は時計の針を巻き戻すような話だから」と。しかし、とにかく「現在地で」と譲らない議員もいて、彼らを説得するには議会全体が合意する条件が必要だったのである。

特に、東京都は豊洲市場の開場に向けて土壌汚染対策に860億円も投じる計画を示していた。国が原発事故を受けて直轄で行った森林の除染費用は1ヘクタール当たり約3200万円という試算もある。都市部と山林では状況が異なるだろうが、40・7ヘクタールの土壌汚染対策にかけた金額としては、全国的に見ても途轍もない投資と言えるだろう。

これだけのカネ（豊洲市場の事業費は、約860億円の土壌汚染対策費以外に4871億円）をかけるのであればむしろ、私たちが提案していた晴海地区に市場を移した方がよかったかもしれないが、とにかく石原知事がそこまで踏み込んで土壌汚染対策をすると言っている以上、民主党としてもどこかで落としどころを見つけないと、この問題がそのままフリーズしてしまい、「民主党が第一党の時代には、何も決まらなかった」となることが分かり切っていた。

だからこそ、私としては絶対に結論を先送りしたくなかったし、都議会として決着をつけなければならない、ということが大方針だった。民主党の同僚議員にも、なかなかそこまでは公言できないのがつらいところだったが……。

当時、私たち民主党の対応はメディアにマークされ続けていたから、私が迂闊に石原知事に会談に行き、それが漏れることがあれば交渉が瓦解しかねない。そこで、同僚の和田宗春都議を

「密使」として石原知事本人のもとに送り、私の意向を直接、伝えてもらった。最終的には石原知事が「田中議長がこれでいいなら、自分が自民を説得する」と応じてくれて、成案となる。石原知事が自民をどう説得してくれたのかは分からないが、自民党は渋々、この条件を飲んだのである。

いずれにせよ、私と石原知事とのキャッチボールの末に、半世紀にわたる都政の困難課題であった築地の移転に、都議会民主党は先送りせず道筋を付けることができた。

市場移転問題がほぼ決着したことで、都議選の二大争点（市場移転と新銀行東京）は落ち着こうとしていた。新銀行東京は杜撰な融資で多額の損失を出した後、経営再建に向けた取り組みがスタートしており、新たな不正が明らかにならない限りは、動きようがなかったからである。

私は平成22（2010）年度の当初予算が成立して、その約2カ月後の6月には杉並区長選に転身を図ることになったが、都議会民主党のその後の運営はとても気になることだった。実を言うと、都政を去るにあたって、現役の執行部には「私だったらこうする」という考え方というか、アドバイスを伝えた。

・石原都政との二大対立点に目処が立った限り、民主党としていかに成果を上げるかに目標を移せ。

・政権与党であることは最大のアドバンテージ。それをいかに利用するかを考えろ。
・そのためには、石原知事と政策協定を結び、都政与党になって東京の課題解決に全力で取り組め。
・その路線を取ると、都議会自民党の存在感が薄れていくことになる。

と言うのも、私から見ると石原知事は「自由人」であり、必ずしも自民党と一体ではなかったからだ。

石原知事が就任した当初、実は都議会自民党は「与党」ではなかった。むしろ、最初に会食を共にしたのは、河合秀二郎幹事長率いる民主党であり、知事側と急速に距離を縮めた時期があったのである。

会食の席上、石原さんがこう言った。

「田中さんね、政党というのは所詮、方便だからね」――。政治家が政党に所属していることに確たる根拠があるわけではなく、自分がやりたいことを実現するための道具に過ぎない、という趣旨だった。私としては、これから新しい党で自民党と対峙しようと燃えていたのに、何だか冷や水を浴びせるような言い方に面食らったのをよく覚えている。

それでも石原知事は政党の本質を見抜いているところがあって、政党というのは政策のようなきれいごとだけでまとまるものではなく、一人ひとりの政治家の利害がぶつかるところだから、真面目に関わっていると失望する、という達観のようなものを言外に表現していたのだと思う。そんな記憶があって、石原知事は自民党と一体ではないというか、彼は政党という枠の中で縛られることを忌避している、と感じていたのである。

しかし、私の話を聞いていた後輩たちは、「今まで先頭に立って石原都政と対峙してきたのに、なぜ?」と反発し、理解を得ることができなかった。結果を見ると、私が去った後、都議会民主党は引き続き、市場移転を始め様々な局面で自民党の挑発に乗せられ、その度に体力を消耗していくことになった。裏を返せば、内田さんが一枚も二枚も、上手だったということだろう。

◉新たな火種——小池知事による移転延期宣言

市場移転の火種は、私が平成22（2010）年6月に都議会議員を辞し、杉並区長に就任してからもくすぶり続けた。

石原知事がその年の秋、豊洲市場関連予算の執行を表明し、市場移転の方向に歯車を回し始めたが、開場まであと2カ月余りという段階で、衝撃が走る。平成28（2016）年に当選した小池知事による築地市場移転の「延期」宣言である。

この年の都知事選の争点の一つは、築地市場の移転問題だった。

「（移転は）立ち止まって考えなければならない」

翌年の都議選でも、市場移転を争点の一つに設定し、自身が率いる都民ファーストの会を大勝に導いた。選挙直前の記者会見では、「築地は守る、豊洲は生かす」と述べ、移転させるか否か、どちらとも取れる表現で、はっきり言えば都民を煽るようなことを随分やったと思う。

「８６０億円もの土壌汚染対策を施しながら、いまだ約束を守れていないことを都民におわびする」

平成29（２０１７）年の都議選直前、小池知事は築地市場を訪れ、豊洲新市場の地下水が環境基準値以下にならないとして、こう陳謝した。同時にかつて都議会が付帯決議により「無害化＝地下水の環境基準値以下」との条件を付けハードルを高くし過ぎたからだと弁明している。

都知事選後に開かれた市場移転に関する都庁幹部会議には、都議会の付帯決議で「無害化＝環境基準値以下」と記載された資料が配布され、知事の弁明を既成事実化していた。しかしこれは当時、付帯決議に「無害化」の文言を入れた経緯に全く反している。

小池都政では都議会が豊洲市場の土壌汚染について「無害化」することを市場移転の条件に付しながら、現実的には豊洲市場の地下水調査で有害物質のベンゼンが環境基準を上回っていて、土壌汚染問題があったということを指摘したものだ。

確かに、都議会が平成22（2010）年に付した「付帯決議」では、無害化ということを条件にしている。しかし、意思決定に関わった当事者としてはっきり言えることは、無害化を「環境基準以下」と定めてはいないということだ。言い換えれば、小池知事は都議会が付帯決議に盛り込んだ「無害化」という文言を、勝手に環境基準以下を意味していると決めつけたのである。

繰り返しになるが、当時、都議会で採めたのは、「無害化」という言葉の取り扱いではなく、「議会において現地再整備を検討し、知事はそれを尊重する」という部分だ。小池知事の特別秘書の村山寛司氏は、築地市場移転問題が議会で審議された当時、財務局長を務めていたから、その内容を熟知しているはずだ。

小池知事は移転を延期した口実として、あろうことか「無害化」が達成していないと勝手に決めつけて、つまりそれが都議会との「約束」だという架空の作り話として持ち出したのである。

付帯決議（53ページ参照）は、移転予定の土地を購入するにあたって、3点を都側に守らせるという内容だ。

このうち、小池知事が問題にしたのは、（2）の「無害化」という言葉だった。

当時の都議会民主党内に「無害化」の意味するところを「地下水の環境基準値以下だ」と決議文に明文化するよう求める意見があったのは事実だ。しかし、案文作成の最終段階でそれを私が却下した。このことは今でも鮮明に記憶している。

そもそも東京都の初期の整備方針では、土壌対策は東京ガスが行い、それでも汚染が残ったらコンクリートで封じ込めてしまえば地上部は安全だ、というものだった。これは一般的な建設手法であり、法令上も技術上も市場建築が可能なことは既知の事実だ。

しかし法令上、技術上の判断はそうだとしても、生鮮品を扱う市場において風評被害の問題を軽く見ることは実際に水産関係者や消費者の理解を得られないわけで、豊洲を移転候補地とする限りはしっかりと土壌汚染対策をやる必要があるというのが私たちの主張だった。事実、その後に汚染濃度が予想以上に深刻であることが明らかになり、風評被害を懸念した移転賛成派の関係者が「築地ブランドを毀損させるな！」と土壌対策を求め、それが移転の条件になった。

石原知事はこれらに答える形で、前例のない、法令を上回る大規模な土壌汚染対策を決意したのであり、結果として860億円という莫大な対策費が投入された。これこそ風評被害抑制を主目的にした「安心の対価」なのである。金はかかったが、私は石原知事の英断だったと思う。

更に言えば、私たちは当時、都議会第1党かつ政権与党であり、地下水の環境基準値以下を条件にした場合、後々自分たちの首を絞めかねないという判断もあった。


では、あえて「無害化」という文言を付帯決議に残したのはなぜか。

第一に、都が打ち出した用地全面の深さ2メートルの土壌入れ替えという前例のない大規模対策案をやり遂げさせなければならない。加えて、埋め立て地特有の地盤沈下によるコンクリートの段差や割れ目、震災時の液状化等の対策としても、土壌入れ替えをやっておけば汚染物質の気化等に対する被害の抑制になると考えた。以上の認識に立ち、「安全の上にも安全を」という意味で「無害化」という表現を用いたのだ。

無害化については、東京都の中央卸売市場長（当時）が都議会で「地下水の環境基準値以下を目指す」と答弁したが、そう答えたからには何らかの自信があったのではないか。肝心なことは、開場延期の理由に情報公開が必要だと言った小池知事には、市場長の答弁の根拠が何かを都民に説明する責任があるということだ。

仮に技術会議等の知見に根拠があったとすれば、若干の基準値以上の数値が残っている現状とのギャップがなぜ生じているのかを知事自ら説明することが先決だ。それをせずに〝都議会によって厳し過ぎる縛りを受けた〟などとすり替えてはいけない。これでは小池知事が自らの不作為を都議会に責任転嫁しているように映る。

豊洲市場の開場延期と一連の小池知事の立ち居振る舞いは、都政への不信、市場関係者の混乱、莫大な賠償金や維持管理費等の公金流失、風評被害、築地市場移転後に開通させる環状2号線着工の遅れによる新市場の物流と五輪へのマイナス影響等をもたらした。小池知事の独断がこれら実害と釣り合うものなのかを検証するのが都議会やジャーナリズムの役割というものだ。

市場移転というのは、当時の民主党が現地再整備派を裏切ったように言われるかもしれないが、それも先述した通り、事実ではない。都議会民主党の内部に現地再整備派を抱えていたことは事実だが、会派としては現地再整備は無理で、移転を是として関連議案には賛成してきたし、平成22（2010）年の予算議会の際も、私は議長室に移転反対派の市場関係者に来てもらい、せめて晴海に移転で賛同してもらえないかと説得を試みたが、彼らは現地再整備を頑なに譲らなかった。このように現実に向き合うほど、難しいことが分かってくる問題だった。そして物事を進めていく上では、どこかの場面で誰かが泥を被らなければいけない。体制の側に立った人ほど、そうした場面は多いはずだ。全部の方面に「いい顔」をして立ち回れるものではないと思う。

小池知事は賛否の声を煽って自身の支持を集めることに成功したが、そのために移転が後ろ倒しになってしまい、双方の期待を裏切る結果となってしまった。小池知事はムードを煽るのは得意だが、為政者にとって大事なことは世論を煽ったり迎合したりするのではなくて、むしろ皆が昂ぶっている時に冷や水を浴びせることではないか。

民主主義にとって最も警戒しなければならない敵は暴力とポピュリズムである。皆が興奮しているときに、あえて火に油を注ぐような煽り方をするのではなくて、そういうときこそ落ち着かせて、国民・都民に冷静な判断と分別ある行動を促して行くことが必要なのだと思う。

市場の移転問題を巡っては平成24（2012）年、東京都が土壌汚染対策費を考慮せずに用地を購入したことが違法であるとして、移転に反対する都民らが石原知事（当時）に約578億円の賠償請求をするよう求める住民訴訟があった。

しかし、被告である東京都の対応に引っ掛かったことがある。東京都は従前、「石原氏に損害賠償責任はない」と主張してきたが、小池知事はその対応を見直し、平成29（2017）年1月、弁護団を別のチームに差し替えたのである。

この件に限らず、東京都が原告住民の主張に対してどう対応するかは、被告たる都が基本的立場を定め、その上で被告代理人として弁護士を専任し、代理人の弁護士が都の立場に沿って裁判対策を担うものだろう。

ところが、小池知事が記者会見で突然発表したのは、「弁護士を差し替えて元知事の責任ありやなしやを検証する」ということだった。すなわち、住民の訴えに対する都の基本的立場を、被告代理人たる弁護士に白紙で委ねるということである。

これは明らかに筋違いである。

新知事の下で改めて東京都の基本的立場を再検証すること自体はあり得るし、その際に法律の専門家の知見を求めることも当然あって然るべきだが、その場合の弁護士は法的なアドバイザーという位置付けになる。仮に石原元知事の責任の有無を検証したいならば、庁内に検討機関を設置し、弁護士を参加させるとかアドバイザー契約をして知見を借りるなど、まずは東京都としての基本的立場を導き定め、次にそれを踏まえて被告代理人として弁護士選任を行うのが筋である。果たして今回のこの弁護士差し替えは庁内の組織的検討に付されたのか。自治体行政として異常なプロセスに見える。

被告代理人に訴訟の胆である「元知事の責任ありやなしや」を検証させるということは、被告（東京都）の基本的立場は取りあえず白紙にして、一方的に解任と選任を行うということだ。新知事の下で原告の主張を再検証して従来の基本方針の一部または全部を変更する必要が生じたから弁護士を差し替えるというなら理解できるが、被告代理人に被告の責任の有無を検証させるというのはおかしい。

もし差し替えるならば都の基本的立場の変更に至る検討経過の説明が必要で、それがなければ、小池知事が自分の責任をすり替えて政治的意図による印象操作をしているように映る。

平成29（2017）年7月の都議選の直後に、新弁護団が元知事の賠償責任までは「問えない」との発表がなされたが、そもそも元知事の責任を問うか否かを決めるのは小池知事であるはずだ。つまり小池知事は、被告代理人としての弁護士と、自らの政策的アドバイザーとしての弁護士とを混同している。都が何の判断も示さず訴訟の根本について白紙委任することは小池知事の不作為であり、それにより費用を支出する意味で、差し替えの弁護士費用は不適切な税金の支出だと言えよう。

いずれにしても、築地市場の移転問題にコミットした政治家としては、当時の石原知事と都議会の判断は正しかったと思っている。今の東京の猛暑を始め、環境の変化を考えたら、温度管理ができない屋外の築地市場で魚介類を取り扱うというのは、食品衛生の管理水準からいっても、危なかった。屋外に魚介類が並ぶ市場というのは見栄えはいいかもしれないが、安全に生ものを

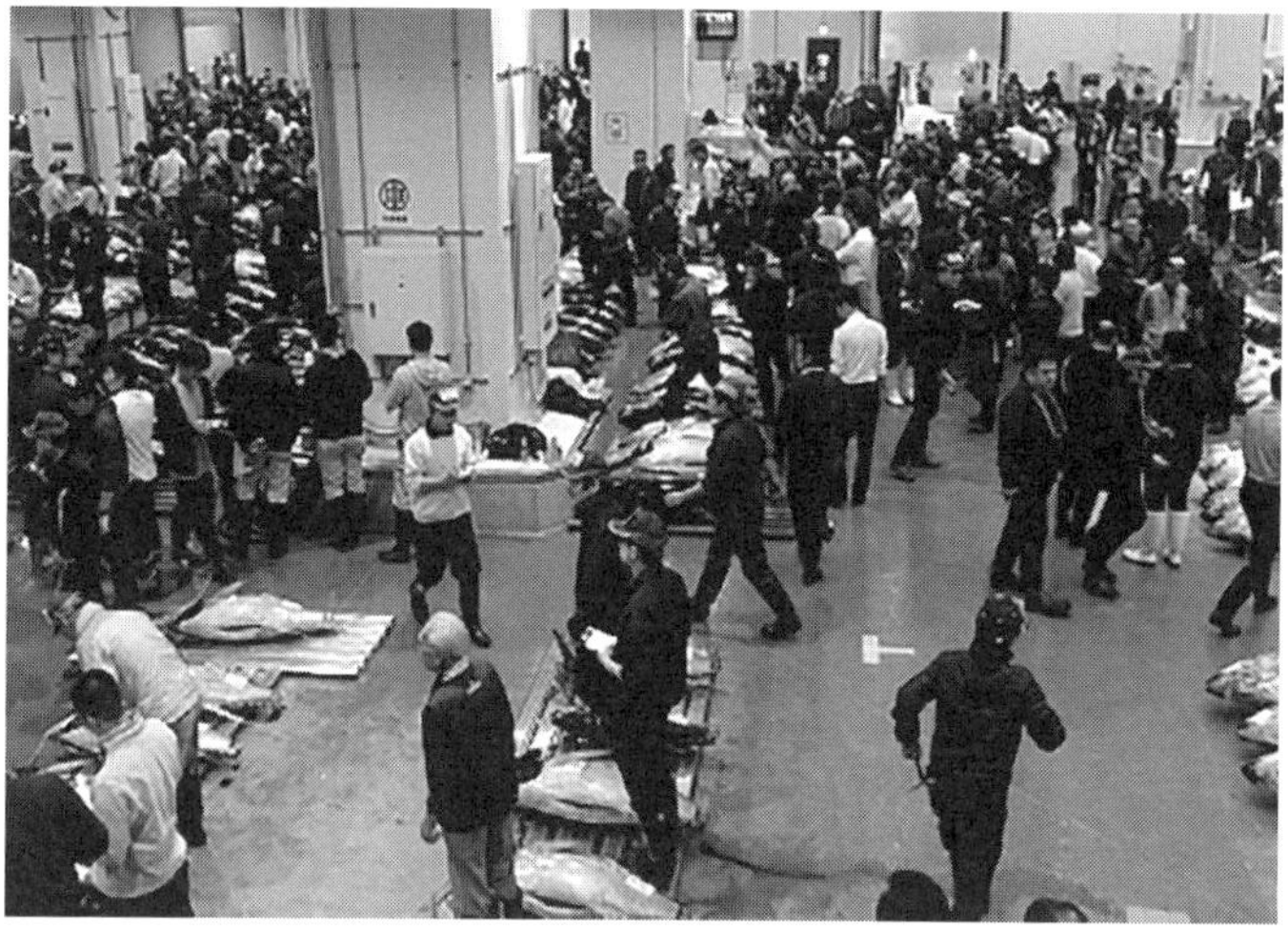

豊洲市場は予定より２年余り遅れて開場した

食べられることにならない。小池知事による市場の移転延期が深刻な被害をもたらしていないのは、幸運というしかない。

ただ、豊洲市場の場内がどうなっているかは、実は一度も見たことがない。豊洲市場が開場するときに、議会関係者に「末席でいいから、新市場のオープニングセレモニーには呼んでください」とお願いしておいたところ、「当然だね」との返答を受けた覚えがあるが、果たして、開場の案内状は来ることはなかった。

◉もう一つの跡地活用プラン

最後に、築地市場跡地の今後をどうするかは、東京都にとって重い課題である。小池知事は当時、市場機能を残した「食のテーマパーク」にする考えを示していたが、果たしてあの約束はどうなるだろうか。ここでは、市場移転問題を考える中で築地に「医療クラスター」を整備する構想があったことを記しておきたい。

築地市場の現在地再整備が至難であること自体は、都政関係者の間では周知のことだったが、仮に突き進むというのであれば、真向いにある「国立がん研究センター」を別の場所に移転させて、その場所を市場の移転先として使えないか、という腹案もあった。がん研究センターもちょうどその頃、もっと広大な敷地に医療研究施設を集積させて、アジアで最先端の医療クラスターをつくることはできないか、と考えていたからである。

同センターを丸ごと別の場所に移してしまえば、広大な敷地が空くことになり、その跡地に築地市場から事務所棟や駐車場を移転すれば、その分、市場として使用できるスペースも広がる、というわけだ。センターは「国立」だから、これを実現するため、私は水面下で政府を引っ張り出そうとしていた。

ただ、残念ながら首相官邸には当時、それだけの政治力が残っていなかったのも事実だ。沖縄県の普天間基地の移設を巡って、民主党の鳩山由紀夫代表が基地の移設先について「最低でも県外」と公言。政府は移設計画の変更を考えたものの、これを実現できずにいつ倒れてもおかしくないという状況になりつつあった。鳩山さんサイドに話を振ってみても、「とてもではないが対応する余裕はない」とのことだった。

その後、政権を引き継いだ菅直人さんに対して提案したのは、「国と東京都の協議機関をもう一回、再構築してほしい」ということだった。これは国がかつて、石原都政の時代に地方税である法人住民税の一部国税化を断行し、東京都から税源を「収奪」した際、その代わりに国と東京都の実務者レベルで首都の課題について協議する枠組みをつくり、羽田空港の国際化や東京外郭環状道路（外環道）の整備に結び付けた例を参考にしたのである。その枠組みをグレードアップし、国と東京都の課題について話し合う協議体を作ってもらい、その中で東京五輪や築地市場の移転問題を解決するという、大きな絵を描こうとしていた。

しかし、結論を言えば、政府からの打ち返しはなかった。民主党本部が築地市場の移転問題、豊洲市場予定地の土壌汚染の風評に火をつけておきながら、何らその責任を背負おうとせず、代案を示すこともなかった。これほど無責任なことはない。都政にとって市場移転問題は半世紀前からの宿題であり、仮に決断を先送りすれば結局、蛇の生殺しのように中小・零細事業者をただ不安にさせるだけで、将来の市場の発展にはつながらない。事業者にとって市場移転問題は生活がかかっているのだから、都議会第一党としては移転をバックアップすることも視野に入れ、現実路線を敷かなければならない、と私は確信したのだった。

医療クラスターの構想があったということは、何も今になって新型コロナのパンデミックが起こったから言っているわけではない。東京の付加価値を高めるためには、これからの日本の医療研究をどんどんレベルアップさせるべきではないか、と考えていたのである。

感染症が世界的な課題になった今、日本の医療をもう一度、将来に向けて再構築して世界に売り出すチャンスかもしれない。築地市場の跡地は集客施設や交通インフラ拠点などとして使用する計画を立てているようだが、都心部に近い広大な敷地を、そうした東京の付加価値を高めることに使ったらどうかと提案しておきたい。

第2部

杉並区政

第3章

未知の脅威

——新型コロナ

◉得体の知れぬ恐怖

「ひょっとしたら、大変なことになるかもしれない」――最初の数カ月間、得体の知れない恐怖感にさいなまれていた。

新型コロナは、今でこそ「風邪みたいなもの」と評する人もいるが、令和2（2020）年2月、横浜港に入ったクルーズ船「ダイヤモンド・プリンセス」で集団感染が起きた頃は、未知の脅威そのものだった。杉並区も全国の傾向と同じように、感染者はしばらくゼロをキープしていたが、ある日突然、数人の感染が確認され、一気に拡大した。「これが感染爆発か」と区長室の中で衝撃を受けたのを覚えている。

いつまで続くとも知れない恐怖感の中で、どのように対策を講じるべきか、本当に悩ましかった。

「マスクがあと1週間で切れてしまう。何とかなりませんか」――コロナが増加してから間もなく、荻窪病院の村井信二院長（当時）からこんなメールが携帯電話に届いた。

マスクがなかったら、もうコロナは診療できない。普段、契約している仕入れ業者に打診しても、入ってこないというのである。保健所や医療機関を通してもたらされた生の現場の状況は切迫していた。

そんな折、東京都からはマスクの需給に関するアンケートが来た。それに応えれば納品されるかとも期待したが、送られてきたマスクはわずか3千枚。荻窪病院の規模からすると、1日1千枚は消費するから、たった3日分で底を突いてしまうのである。

この時、小池百合子都知事は「10万枚を提供した」と言っていたが、コロナの感染者を必死で受け入れている病院に対し、たった3日分しか供給できない有様だった。

杉並区は元々、新型インフルエンザ対策も含めて80万枚弱のマスクを備蓄していて、これらをすぐに放出したのだが、国内の生産体制が追いつかないばかりか、中国でも既にコロナの感染が広がっていたから、中国産のマスクはとてもではないが日本に入ってこない。日本はどちらかというと、コロナが広がったのが後発だったから、逆にマスクが後回しになる状況だった。

次に直面したのは、コロナの感染者を受け入れられる病院のキャパシティーの問題である。例えば街中の診療所にコロナ患者を診療するよう求めても、今なら何とかなるかもしれないが、当時は「とんでもない」「来ないでください」という反応だった。

医師法では、医師の「応召義務」を定めていて、医療機関は通常、患者が来たら診療しなければならない義務がある。ところが新型コロナは感染症法上、結核やＳＡＲＳ（重症急性呼吸器症候群）などと同じ「２類」相当に分類されており、患者の診察を拒んでも応召義務違反には当たらないことになっていたのである。

実は第１波の頃、開業医を中心にした杉並区医師会は新型コロナに対して極めて慎重だった。感染症について素人でない分、その怖さを知っているからだろうか。

開業医の立場も理解できる。もし自分のクリニックで感染が広がったり開業医自身が感染してしまえば、そこに通院している多くの患者が困ることになるし、自身の健康もさることながら、医療機関としての経営にも負荷がかかってくる。しかし、何とかしないと、開業医も病院も追い詰められており、いわゆる「医療崩壊」寸前という緊迫感が迫ってきていた。

新型コロナを診療するためには、患者の隔離が必要になるため、医療機関は一般病床とは別に専用病床を確保しなければならないし、医師・看護師などのスタッフも完全にチーム別に編成して対応することが必要になる。そういうことが可能な医療機関というのは中堅以上に限られ、少なくとも２００～３００床はないと、対応し切れない。

医療機関にとっては、経営的な影響は大きい。というのも、隔離はまず入院料の「差額ベッド代」を徴収できる個室の使用から始まるからだ。医療機関にとって大きな収入源を、コロナ患者で占領されていってしまうのである。

個室が全部埋まってしまったら、その次は大部屋だ。患者同士で距離を取る必要があるため、例えば8人部屋には3〜4人程度しか収容できないことになる。加えて、コロナ患者には多くの医療スタッフが必要になる。医療機関としてはまるで利益にならないし、キャパシティー的にも常に制約があるというのが現実だった。従来の診療報酬ではコロナに対応できなかった。

診療報酬というのは全国津々浦々、どこの医療機関でも通用する医療の収益だ。2年に1回、医療の労働者や保険者の代表がテーブルについて、報酬の改定に向けて議論することになっている。

しかし、コロナの診療では、全国一律にルールを作っても駄目だ。コロナ患者を受け入れる能力を持った医療機関がコロナを受け入れやすくするための個別、具体的な経営支援が一番、理にかなっていると私は考えた。

そこで、杉並区は何をしたか。全国で初めて、新型コロナに対応する医療機関に直接、公金を投入する独自の政策を進めたのである。コロナを診療できる医療機関は当時、限定されていて、彼らがその実力を存分に発揮できるようにバックアップすることが大事だと考えた。

具体的には、区内の4つの基幹的な医療機関（河北総合病院、荻窪病院、佼成病院、東京衛生アドベンチスト病院）の減収を補い、コロナ患者を集約してもらう協定を締結。新型コロナ診療の中核を担ってもらう体制を作ったのである。

◉医療崩壊を阻止せよ

マスク不足や区内での感染急拡大という危機的状況を受けて、私は区の最高責任者として何をしなければいけないのか。まずは医療現場が何に困っているのか、何を欲しているのかを知りたいと思い、公務で移動中の区長車から、区内最大の医療機関である河北総合病院の河北博文理事長に電話をかけた。「大事な話なので」とすぐに面会の約束を取り付け、病院に直行した。

結論的に言えば、杉並区の中核病院のモチベーションは高い。コロナとの闘いから逃げるのではなく、立ち向かうスピリットは充分にある。しかしそのためには、「経営」を支えてもらわねば、闘いたくても闘えない――とのことだった。

区役所に話を持ち帰った私は早速、副区長らと協議に入り、病院支援の具体策（補助スキーム）の検討を指示した。そして区と基幹病院と医師会の3者がテーブルについて行う「医療崩壊阻止緊急対策会議」の招集をかけた。事は時間との戦いでもあったため、可能な限りのスピード感を持って対策に取り組むよう命じた。この緊急対策会議には、基幹病院である荻窪、河北、佼成、東京衛生の各病院の院長・理事長はもちろんのこと、「何か協力できることがあれば」との思いで越川、城西両病院の院長にも積極的に参加して頂いた。この会議体はその後のワクチン接種を進める上でも有効に機能していくことになる。

コロナの診療では、いずれ国や東京都が色々な名目で補助金を支出することになるだろうと予測して、それまでの「中継ぎ」のような意味合いもあった。コロナは感染のスピードがとてつもなく早く、補助金がなければ、医療機関はたちまち潰れてしまう。病院側に資金繰りをさせるわけにはいかないから、杉並区はコロナの感染者を受け入れてもらう代わりに、医療機関に「損失補填」という形で税金を入れることを約束した。過去3年間の同時期と同じ収入になるよう、包括的な補助金という制度を作ったのである。

一部の区議はこのことを捉えて、国や東京都の補助金がふんだんに出てきたのだから「回収しろ」と主張する。これは一見、正しいようだが、現場を知らないからこその主張だろう。杉並区の補助金によって医療機関が確保しているコロナ専用病床は基本的に杉並区民のための病床である。しかし、コロナの専用病床に関する入院調整は、東京都が全都的に行っていたため、もしも杉並区が補助金を回収し、口出しできない状態になったとすれば、区外からの感染者で埋まりかねない。コロナは「国難」に違いないから、杉並区に余裕があれば感染者を受け入れるのは当然だが、杉並区長としてはまず、区民の生命を守るための優先的な病床として使ってほしいということが根底にあった。

もちろん、公金を投入することに対しては批判が出ることも予想されたが、杉並区で集団感染が発生し、最も苦しい局面を何とかしようと、政治生命を賭して医療機関を支える判断を下した。杉並区には都立病院や大学病院があるわけでもないから、河北理事長の言葉を借りれば、民間の医療機関を臨時的な「区立病院」に見立てて、経営を支援したわけである。

病院との「阿吽《あうん》の呼吸」で安心して経営してもらい、いざというときに杉並区のための感染症医療を担ってもらうということだ。お金を貸したから返してもらえ、という単純な話ではない。

コロナ病床の確保では、河北医療財団から系列の河北前田病院にも協力してもらい、ピーク時には5病院で130床のコロナ病床を確保することができた。国や東京都が確保したとするコロナ病床のうち、入院可能だったのはせいぜい6～7割程度だったと言われているが、杉並区の130床は実際に入院可能な病床として、杉並保健所で入院調整が行われた数字である。区民の利用率が最も高かった令和3（2021）年6月23日には98・7%、この日の全体の病床利用率は80%だった。基幹病院に対する杉並区の包括補助金制度については、内閣官房行政改革推進本

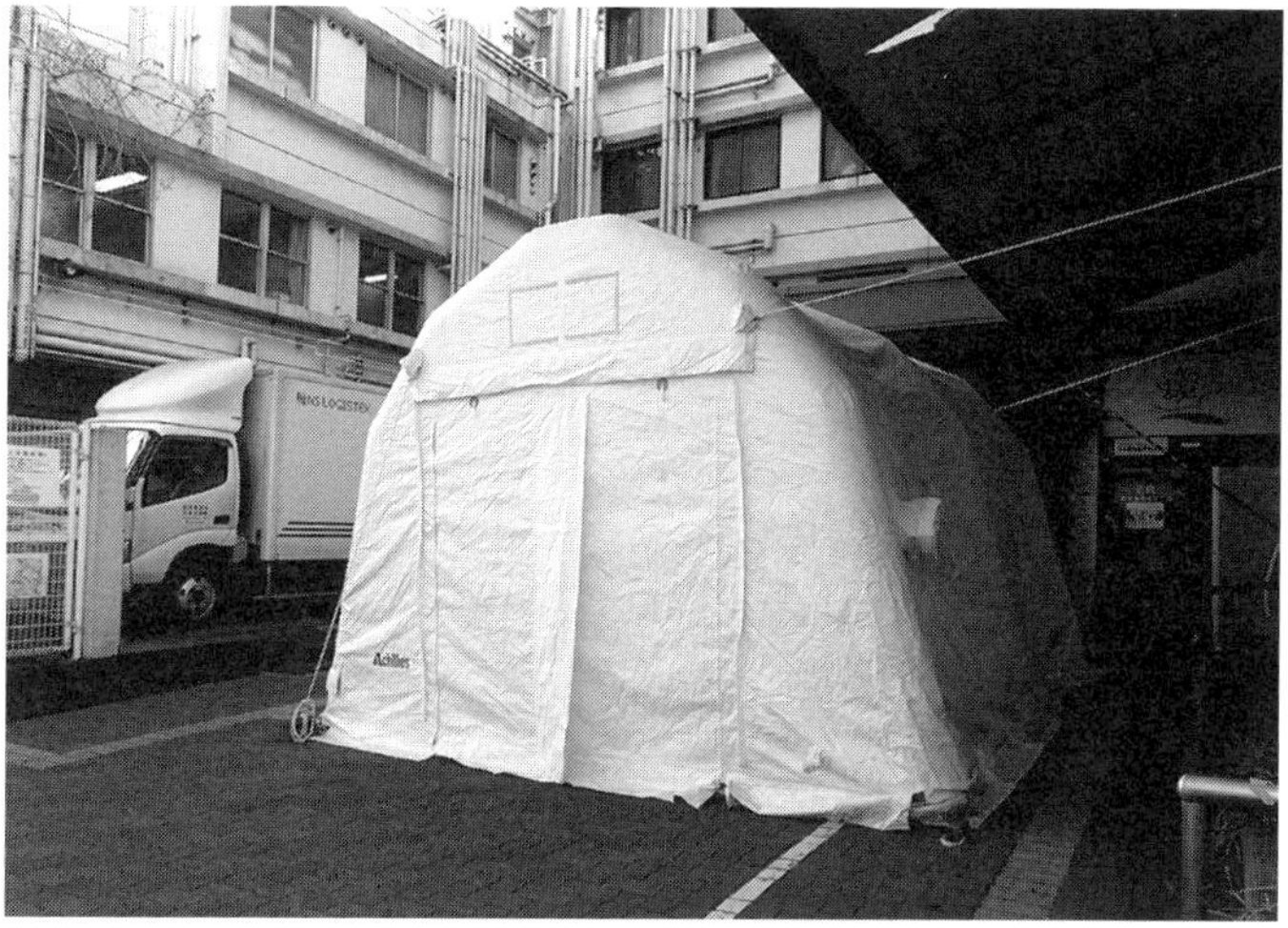

河北総合病院が院内感染を防ぐために仮説した陰圧テント

部による同年秋の「行政事業レビュー」でも取り上げられ、一定の評価を頂いている。

「緊急会議」では、医師会から「発熱外来を集約してほしい」という切実な要望があった。つまり、各クリニックの発熱外来にコロナ疑い患者が来ることによる院内感染リスクを極力回避したいという趣旨である。私はもっともな意見だと思った。

しかし、どのように感染者を「集約」するかが問題だった。病院は病院で、未曾有の事態を受けて必死の対応をしている。ゾーンを分け、スタッフを分けてぎりぎりの人員でやりくりしている。感染爆発下では、病院のスタッフだけでは対応できない。そこで私は医師会に「開業医を守るために立ち上がってほしい」と訴えた。

要するに、発熱外来は基幹4病院に集約するが、そこに開業医も輪番制で出てきて、外来対応をお願いしたい、ということだ。そうしてできたのが、杉並方式という発熱外来の集約化である。ただ、これも美談として語れるほど、単純な話ではなかった。連日のマスコミによるコロナ特集では「いち早く杉並区が対策を講じた」と好意的に報じてはくれたが、裏では様々な矛盾や課題に悩まされ続けた。当時はスピードが勝負である。感染爆発のスピードに対して先手を打つにはとにかく延々と議論しても駄目で、早く目標を決めて誰かが責任を背負って決定していかなければならなかった。

私が病院と医師会に医療崩壊阻止の緊急会議を招集したのも、それぞれが組織の中で時間をかけて検討し、それを持ち寄って議論し直すという平時の対応ではコロナにやられてしまうという危機感があったからだ。民間病院の理事長・院長、医師会の正副会長、そして杉並区長と所管が一堂に会し、可能な限りのスピードで対応を具体的に決めていきたかった。

医師会が要望する発熱外来の集約化については病院側も協力を約束してくれたが、肝心の担い手（医師・看護師・事務職員等）については日々、コロナ対策に疲弊する基幹病院に限界もあり、開業医（医師会）の応援を求めざるを得ない。その場合、病院の発熱外来に応援に行ったとして、当該の診療所は休診せざるを得ないが、それをどう補償するかが問題になった。

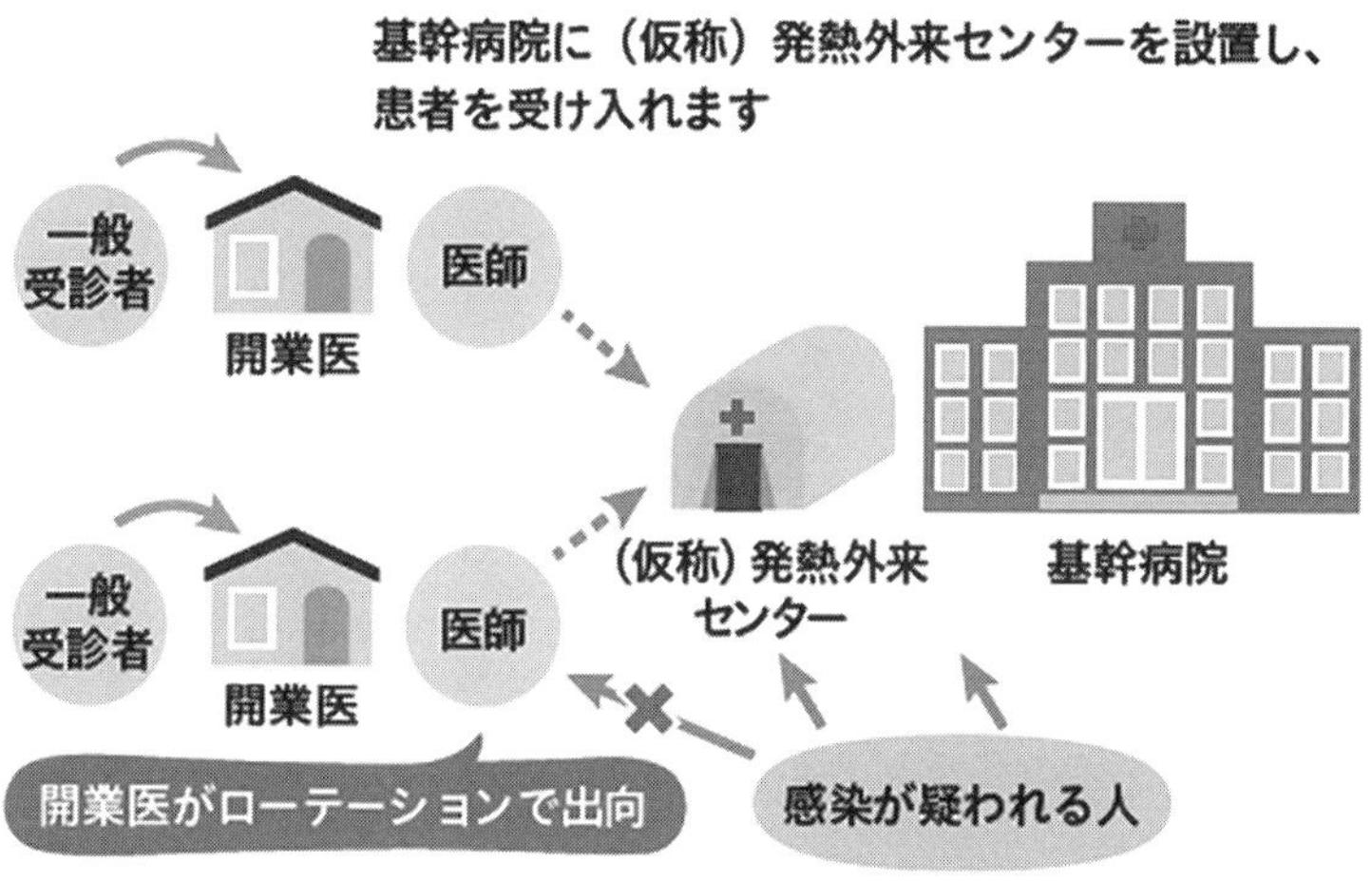

杉並区の発熱外来センターのイメージ

私は前例のない事例をスピード重視で決めていかなければならなかったが、そこで下した結論は「休診による逸失利益」相当分の日当を、病院を通じて支払うというものだった。ところが、いざ実施してみると、応援に来た開業医の中で実際に最も危険な鼻・喉から検体を採取する仕事をしてくれる医師は数人で、言葉は悪いが「汚れ仕事」は病院側のスタッフに任せ、問診にばかり従事している、という報告が上がってきた。病院のスタッフとしては、感染リスクが低い仕事をしている開業医にどうして高い日当が支払われるのか、疑問を持っても仕方がない。誰が悪いということではないのだが、行政による支援を一つ取っても、立場が違えば受け止め方が全く異なるということを突き付けられた。区としては、途中から開業医の日当を一定程度、削減する措置を取ることになった。

◉救急車が搬送を拒否

第1波の頃、区内の佼成病院から都立病院へコロナ患者を搬送しようとしたとき、救急車にも感染症対応の専用車両（ラッサ車）にも搬送を拒否される事例があった。

「何とかなりませんか」――。令和2（2020）年2月中旬の夜、立正佼成会の國富敬二理事長から、私の携帯電話に連絡を頂いた。都のルールに従って、コロナ陽性の高齢患者を都立病院に搬送しようとしているのだが、「新型コロナの確定患者の搬送はできない」と言われ、何時間も立ち往生しているという。私は最初、「そんなこと、あるのだろうか？」と耳を疑った。すぐに事実関係を確認するよう部下に指示したが、そうこうしている間に、理事長から再度電話があり、「荻窪病院の救急車を借りられることになった」とのことだった。

翌日、事実関係を詳細に確認したところ、東京都の組織内での情報共有に不十分なところがあり、所管が杓子定規な対応をしたために生じた混乱であることが分かってきた。東京都に対して改善を文書で要望したが、「公」のミスを「民」の荻窪病院が助けてくれたことになり、敬意と感謝を申し上げたい。

一方で、忘れられない一件があった。コロナ禍で病院が最も神経を使うのは、院内でのクラスター発生をいかに回避するかということだ。院内にコロナが持ち込まれるルートは、外来患者から、出入業者から、お見舞いの知人から、病院スタッフからと、様々である。だからこそ、病院スタッフは自身と家族への感染リスクを減らすために、家族との接触さえ遮断して病院内に寝泊まりしたり、ビジネスホテルに長期滞在したりして、本当に気の毒な不遇をかこつ生活を強いられていた。院内クラスターが万一発生したら、外来診療の停止など、病院は重大な損害を被るからだ。

そのような状況下で医療機関が恐れていたのは、別の病院への転院に伴う院内感染のリスクだった。

令和2（2020）年のある日、区内の城西病院の院長から、苦渋に満ちた相談があった。

「警察病院から転院してきた患者が原因と思われる院内クラスターが発生した。転院前に何度も体温測定結果を教えてほしいと頼んでいたのに、教えてくれないまま搬送されてきた。やむを得ず入院させるしかなかったが、37度以上の発熱があり、検査したら陽性だった」。

この事例では、院内感染で亡くなった方もいて、同病院では通常診療を停止せざるを得ない事態に陥った。転院の前になぜ、この患者の詳しい状況を城西病院に伝えてくれなかったのか。本来であれば、PCR検査で陰性を確認してから転院させるべきではなかったのではないか。まさかとは思うが、本当はコロナの疑いを承知の上だったのではないかと、一抹の不信感が拭えない出来事だった。

これについては、小池知事宛てに、新型コロナ感染の蓋然性が高い入院患者を転院させる場合は、現に入院している病院の責任で陰性を確認した上での転院を徹底するよう周知してほしい、と要望した。

◉自宅療養の追跡

新型コロナは第8波まで、波を繰り返しながらその都度、できる限りの対応を取ってきたが、残念ながら自宅療養中に亡くなったケースもあった。議会の一部には誇張して批判の材料に使われたが、職員たちは真摯に対応していたと信じている。

令和3（2021）年8月、新型コロナに感染した40歳代の男性が、杉並区内で経営する店舗で療養中に死亡するという、痛ましい事案が発生した。男性は中野区の在住。自分で都心のクリニックに行き、コロナの検査を受けて陽性が判明。「都心区→居住する中野区→杉並区」と届け出がリレーされたことで対応が始まった。

最初は軽症だったために自宅療養となったが、中野区内の自宅に高齢のご両親と同居していたことから、それに配慮して杉並区内の自分の経営する店舗で自主隔離をしていたようだった。ところが、その状況は中野区役所からは口頭では知らされなかった上、「ハーシス」（厚生労働省が開発した、新型コロナ感染者等の情報把握・管理支援システム）でも末尾にようやく、「付記」されている状態だったという。一応、療養していたこの店の住所と連絡先として本人の携帯電話番号が記載されていて、そこには保健所の職員が毎日電話していたのだが、「電源が入っていないか、電波が届かない」というアナウンスになってしまう。感染者の携帯電話の電波が届かないところに自主隔離するというのでは、保健所としてもどうしようもない。

後から聞くと、家族とは無料通信アプリ「ＬＩＮＥ」で連絡を取り合い、保健所にも数回電話していたらしいのだが、保健所からすると4日間にわたって、電話をかけ続けても通じることはなかった。連絡がつかないということで「もしかしたら危ない」と区職員が訪問した現場も厄介だった。住所を突き止めて一棟のマンションに辿りつくと、そこに住んでいる人が別人だったのである。

私たち政治家のように、普段から地域を回っていれば分かることだが、同一の住所で建物が複数というケースが時々ある。そういうことに慣れていればいいのだが、保健所の職員では「何だ、これは……」と混乱したのも無理はない。

保健所としては過去、何百件と自宅療養者の対応をする中で、自宅療養中にいい加減な連絡先を申告し、「待機」せずに別の場所に行ってしまうケースもあったと聞いている。現場はただでさえ、途轍もない感染状況に疲弊しているし、全ての人が真っ当に自宅で待機してくれているとは限らない。心底まですり減った状況の中で、追跡を終えてしまったのだ。実は、その男性は職員が訪問した建物に隣接した雑居ビルにある自分の店舗に「自主隔離」していて、亡くなっていたということである。

亡くなった方は気の毒だった。しかし、保健所の職員たちは決して何もしなかったわけではなく、最大限の努力はしていたと思う。ショートメールも入れたものの返信が無かったらしいが、どういった隔離状況かも分からず、手探りだった。もし、本人とつながっていた家族や友人からの情報を保健所が共有できていれば支援につなげられたかもしれないが、残念な結果になってしまった。

事故の一報を聞いた時、私は現職の区長として直接、謝罪にいかなければならないと判断し、すぐに現地に赴いた。翌年に区長選を控えて猛烈に批判される材料になることは分かり切っていたが、ここは私自身が責任を負わなければならないと思っていた。

ただ、結果的には案の定、テレビ局が隠し撮りのような形で取材をしていて、私が謝罪する音声も録音されていたようである。全てが経験のない出来事で、保健所の職員は寝る間も惜しんで感染者をフォローしていたが、このケースでは不幸にも偶然が重なって死亡につながってしまった。保健所としても不十分な点があったことは否めないが、この責任を全部、区役所に押し付けるかのような批判には、政治的な意図を感じざるを得ない。

杉並区の保健所は連日、何百人もコロナの感染者をさばいている中で、システム上の情報を全て見なければ療養先が分からない状態。ただでさえ保健所がオーバーワークと言われる中で、システム上の全ての情報を総ざらいし、チェックする時間的なゆとりなどなかったのが実情だった。これを「見落とし」と言われれば「見落とし」なのかもしれないが、最悪の状況になってからその責任を職員たちに負わせるのは、酷だと思う。

なお、区内外での感染が拡大するにつれて、私は自宅やホテルで療養している患者には区の保健所職員が直接、接触することを想定せざるを得ないとも考えていた。もちろん防護服等の感染対策を徹底することが基本になるが、実際の現場では何が起きるか分からない。せめて、現場で必死に頑張ってくれる職員には適切な処遇をすべきだと考え、全国に先駆けて「危険手当」を支給するための条例を制定している。

自宅療養と絡む問題として、国のデータ入力でも混乱を来した。各区ではコロナワクチン接種機関が接種人数を「ハーシス」に入力することになっている。集団接種では企業・団体や病院など医療機関に任せるわけだが、人手が足りなければ人を補充せざるを得ない。

それに対して普段、新型コロナの診療に対応していない診療所ではワクチンを接種後、データ入力する余剰人員はないから、必然的に事務作業が滞ってくる。1週間以上、データ入力をしない診療所もあるわけで、区が進めている集団接種会場でのワクチン接種の合計数値とはタイムラグが生じてくるのである。

国や都はワクチンの接種率について、データベースに乗っている数字を絶対視するのだが、正確に知るには、例えば杉並区では毎朝、前日の接種実績を接種場所ごとに表にして上げるように指示していたから、それがほぼ正確な数字だった。病院、集団接種会場ほか、医療機関をカテゴライズして、どこで何発打ったかを示す日報を上げてもらっていた。

もっとも、日報に数字を打ち込むことに集中しすぎて、それ以外のことが視野に入らないこともままあった。例えば、日によっては、1回目の接種件数の累計よりも3回目の方が多くて、逆転している日報があった。私は毎日、区長室でそれを確認しているから、「おかしいな」と気づいたのだが、結果的には単純な打ち込みミスで、職員が数字をチェックしていないということもあった。

区としては1日に大体、何千発打てているかが分かるわけだが、ワクチンが入荷してこない。医療機関からは「ワクチンがあればもう少し打てます」という報告は聞いている。しかし、「ハーシス」のデータ上は実績が少なく見えてしまい、東京都からは「それだけの接種能力しかないのに、どうして『もっとワクチンを寄越せ』と言うのか」とクレームを付けられてしまう。「ハーシス」というのは手間がかかるだけで、それがワクチンを配分する根拠のようになってしまっていた。自治体が責任を持って接種の実績を報告して、東京都として集約し、国と契約すればいいのではないかと思った。現場を知らない国や東京都は、医療機関は猫の手も借りたいぐらい忙しくて混乱しているのに、余計なデータ入力の手間を増やして何になるのだろう。

ワクチン接種は件数が多いから「ハーシス」のように詳細を全部、ICTに頼ろうとしていたが、現場がデジタルに対応しきれていないのだから、そのDX（デジタル・トランスフォーメーション）の格差が数字になって出てくる。そういう部分こそ単純化してアナログにやった方がスムーズにいくのではないか。

◉都知事選前の大盤振る舞い

新型コロナに対しては令和5（2023）年1月現在、飲食店などの営業に特段の制限は設けられておらず、海外からの水際措置も緩和されている。

しかし、初期は飲食店などの営業時間短縮要請が経済に大きな影響を及ぼした。令和2（2020）年の第1波では、飲食店が午後8時までの営業制限を強いられ、学校は完全休校になって、社会はどうなってしまうのだろう、という不安が津々浦々まで蔓延していた。

東京都は同年4月以降、飲食店に対し、複数回に渡って時短営業を要請した。当時は居酒屋などを介して感染が広がる状況があったため、ある程度、やむを得ない措置だったと言えよう。

ただ、あくまで「要請」であって、そこには営業損失の補填はない。共産党などが言うように営業補償を求める理屈は成り立つけれど、現実的にはなかなか難しい状況もあった。私がその時に考えたのは、「飲食店」を一括りで制限してしまったのは失敗だったのではないか、ということだ。例えば銀座のクラブや新宿のバーのように二次会中心で客を受けていたところは壊滅的な打撃を受けた。

高い家賃を払って営業を制限されては、手の打ちようがない。大体、飲み会と言えば午後6時頃からせいぜい2時間から3時間程度だ。それで二次会に流れるパターンが多いと思う。だから時短営業要請で午後8時までに制限されたら、酒の提供を中心とする飲食店はやっていけるわけがない。レストランのようにある程度、食事を提供する店は生き残れるが、酒や接客を中心とする店は厳しかった。

時短要請と共に「協力金」を支払う制度もあった。東京都は当初、要請に応じた飲食店に対して最大100万円を支給することとしていた。飲食店の規模によらず、一律に定額を支払う仕組みだから、席数が多くて、家賃が高い、従業員を常時雇用するような形態の店舗にとっては、協力金というのは微々たるもので、とてもではないが店は維持できるものではない。飲食チェーンの「グローバルダイニング」が令和3（2021）年3月、東京都の時短命令は違法であるとして損害賠償を求めて提訴＝東京都の時短命令が「違法」であるとの東京地裁判決が確定＝したが、ふざけるな！と言う気持ちはよく分かる。

行政としては一律にカネを注ぎ込むのではなく、飲食店の規模に応じた支え方をもっと丁寧に考えるべきだったのではなかったか。個人がオーナーとして経営している居酒屋や喫茶店のような小規模な店は損失が出るどころか、むしろ従来よりも儲かって、内装を変えたり、自家用車を買ったりしたという話も聞いている。例えば、過去の申告売上をベースにしてそれを保証し、売上を超える協力金は出さないといった措置を取るべきだったように思う。

東京都内は店舗数が多いから、実務者が逐一、チェックするのは事実上、できなかったということかもしれないが、そうであれば小池知事が23区に協力を要請するなり、民間の税理士会なりにアウトソーシングしてでも、もう少しきめ細やかなスキーム作りを考えても良かったと思う。

例えば30人規模の店舗でも厨房に3人、それからホールと会計にそれぞれスタッフが必要で、1人でも欠けたら成り立たない。規模がその倍ぐらいになったら、より経営は厳しいだろう。一方で、個人で経営している店は軒並み「協力金バブル」の恩恵を受けていたように思う。飲食店の規模や類型によっても、相応しい支援があるはずだ。行政として公金を投じる以上、飲食店をもう少し丁寧にカテゴライズして、そこに対する適切な支援を考えるべきだった。

当時は令和2（2020）年夏の都知事選の直前だったからかもしれないが、東京都の貯金に当たる「財政調整基金」を9割以上取り崩して、じゃぶじゃぶと使ってしまった。その時、近隣の神奈川、千葉、埼玉県の知事は非常に不満だったに違いない。各都県が横並びではなく、東京都だけがカネに糸目をつけずにばらまいていたからだ。選挙対策として大盤振る舞いを続けた印象さえある。東京都としては独自財源があるから公金を注ぎ込めたのだろうが、そんな野放図なことをやっていては、全国ベースでいったら持つわけがない。

最終的には政府が休業などを要請し、協力金の財源を持つことになったが、最初は東京都が「やり過ぎ」という感が強かったし、辻褄を合わせるのに実務者は苦労したと思う。

緊急事態宣言を巡ってはその後、誰が主導したかで、政治的な駆け引きも繰り返された。

特にひどかったのが、令和3（2021）年の年明け、関東の1都3県が菅政権（当時）に緊急事態宣言の発令を要請した場面だ。政府は緊急事態宣言の発令に慎重だったが、小池知事が音頭を取って、神奈川、千葉、埼玉の近隣3県を引っ張り出し、「団体交渉」に持ち込んだのである。

この時は表面上、小池知事らが政府を押し切る形になり、緊急事態宣言が発令されたが、3月、緊急事態宣言の再延長という段になって、首都圏の知事らの足並みの乱れが露見する。小池知事は当初、延長を要請する考えを示し、他県知事らがそれに同調しているかのような説明をしたが、黒岩祐治神奈川県知事が内幕を暴露し、「こういうことをやられると信頼関係が薄れる」と苦言を呈して不発に終わる場面もあった。

いずれにしても、小池知事は選挙を前に、カネに糸目をつけずにばらまいた印象しか残っていない。やはり行政としては店の家賃や従業員数、売り上げをもう少しきちんと調査して、適切にカテゴライズし、それに対する合理的な支援メニューを作るべきだった。

今後、コロナに限らず、新種の感染症が発生して感染者数が増加し、飲食店に時短要請を行うような局面が起こるかもしれない。であればこそ、行き当たりばったりで公金をばらまくのではなく、東京都としてこれを教訓にして、協力金制度のあり方を検証・総括し、新たなメニューを作っておく必要があるのではないか。その上で、東京都のメニューをたたき台にして、1都3県ですり合わせることが必要だ。仮に私が東京都の責任者なら、協力金の問題を総括し、次に同じようなことが起こった時にどういう支援をするかは1都3県で連携して共同研究すると思う。

この原稿を執筆している令和5（2023）年2月現在、新型コロナは第8波の到来を迎えている。「オミクロン株」が主流となっていて、第1波と比較すると、私たちを取り巻く環境は随分変わってきている。

政府は今後、コロナを感染症法上の「2類」から「5類」に見直すとしているが、遅きに失したと言うべきだろう。

先述した通り、感染症法上の「2類」というのは、結核やSARSなどと同じく、隔離が必要な感染症であるということだ。しかし、現状を見ると、新型コロナはもはや、保健所が感染者を特定し、隔離するのが事実上、困難になっている。ワクチンが登場して、経口抗ウイルス薬も開発されるなど、重症化のリスクは相当緩和されつつあるが、「2類」であることで保健所の業務量は格段に増えており、足かせになっている。

政府は令和4（2022）年8月、感染者数の増加を受けて保健所などの負担を軽減するために全数把握を見直し、「発生届」の提出を高齢者など重症化リスクの高い人たちに限定する方針を打ち出したが、それを「2類」のままでやっているのだから、論理矛盾としか言いようがない。隔離が必要ではないというのであれば「2類」に位置づけていること自体がナンセンスだ。感染症法上の位置づけは、国がしっかりと明確にすべきである。

そもそも、新型コロナは他の疾患と比べて、どのようにリスクが高いのか、厚生労働省から明確な説明は不足している。コロナは基礎疾患を持つ高齢者などに特に重症化のリスクが高いことは分かっているが、例えば糖尿病を有する高齢者はコロナに関係なく、インフルエンザや風邪でもリスクが高いのは同じだ。他の病気と比べて、コロナはどう違うのか。漠然と「リスクが高い」と言われても、他の疾病と比べてどう大変なのかというのは、曖昧なままだ。朝から晩までワイドショーでコロナを取り上げている割には、そういった解説を聞いたことがない。

また、コロナによる死者数についても、はっきりとした基準がない。政府は毎日、コロナによる関連死者数を公表しているが、直接的に肺炎で死亡した例はともかく、コロナをきっかけに、風邪をひいて誤嚥性肺炎になったり、心不全になってしまったり、いずれも死亡の遠因については「コロナ関連死」になっている。

コロナの感染を経て誤嚥性肺炎で死亡したとしても、コロナが決定的な原因だったとは限らない。誤嚥性肺炎も心不全も、十把一絡げに「コロナ関連死」として片付けているから、本当に死亡率が高いのか、或いは他の感染症と比較してどうなのかが分かりにくい。コロナはまだ不明なことが多いのは確かだ。ただ、国や東京都は数字の一人歩きを許すのではなくて、丁寧に分析し、分かりやすく説明してもらいたい。

◉ワクチンが来ない！

ワクチン接種を巡っても、大変な苦労を強いられた。

ワクチン接種は当初、私たち区市町村の仕事とされていた。国が都道府県を経て、区市町村にワクチンを配布し、各区市町村で接種するという段取りで、令和３（２０２１）年3月、これまでに経験したことのない規模で接種プロジェクトが始まった。

杉並区としては、地域の医療機関で接種の担い手を確保し、住民にも順次、接種券を配布するなど、準備を万端に整えつつあった。ところが、いつまで待っても、国・東京都からワクチンが届かないのである。

根本的な原因は、政府が「確保」したとするワクチンがそこにないことだった。あの時点では国のごまかしとも取れる発表があった。政府は同年1月までに、国民が全員接種できるだけのワクチンの量を確保すると何度も報道されていた。「確保」と言うのだから、ワクチンが国内にあり、いつでも出荷できるというのが、普通の解釈だろうと思う。ところが「確保」というのはファイザーやアストラゼネカなど製薬会社との契約上の話であって、日本には来ていない、ということが分かってきた。つまり私たちの一存では使えないのである。

杉並区でも過去、災害用の食料を「備蓄した」と言いながら、都外の倉庫に保存していたという事例があった。仮に大地震が起きて交通手段が寸断されたら、遠隔にある物資は使えるわけがなく、備蓄には当たらない。倉庫を使用する契約料が安いから、という理由ではあったが、災害時に都外から備蓄分を取り寄せる想定だったのだろうか。そんなものは備蓄にはならない、とすぐに改めさせた記憶がある。

それと同じように、政府は「全国民に接種できる分のワクチンを確保した」と発表しておきながら、その実情をきちんとアナウンスせず、プロジェクトを進めてしまったのである。

当然、最前線の区には「何で政府が確保したというのに、杉並区では接種できないのか」という疑問の声が殺到する。

政府は面子を保ちたかったのかもしれないが、無用の混乱を招くぐらいなら正直に「大体、こんなスケジュールで入荷してくる」と伝えてもらいたかった。現場レベルではある程度、細かい日程やデータに関する説明は来ていたようだが、区民に対しては国や東京都が堂々と、入荷していない事実を明らかにすべきだったのではないだろうか。


ワクチンの供給が滞った背景には、東京都の問題もある。区市町村が要望した数を「査定」し、出荷する量を調整していたのである。

ワクチン接種が始まった初期、接種を済ませている人は10～20％程度にとどまっていたから、各区市町村としては一刻も早く、接種を推し進めたいという状況にあった。それなのに、自治体が希望しているだけのワクチンが届かないのである。

政府は十分な量のワクチンを確保しておらず、東京都にも十分な在庫がなかったことは想像できる。ただ、それにしても杉並区が希望した箱数を「査定」するというのは、意味不明だった。

接種率の成績を確認しながら、「A区は随分、接種率が70～80％と成績がいいから、次の要求については査定しておきましょう」というならまだ分かる。接種が遅れている自治体に優先して配分する必要があるからだ。しかし、国全体として接種率が低調な初期段階で、自治体が要求する箱数を査定する意味があるのだろうか。自治体が希望を出したらそのまま配分して、どんどん接種を進めるよう指示すればよかったのではないだろうか。もちろん、東京都としては、政府から調達した限られた箱数を公平に分配する仕事でもあるから、根本的には政府の問題だろうとは思うが……。

ワクチンの配分に関しては、全国一律で良かったのか、という疑問もあった。「公平」という観点ではその通りなのだろうが、新型コロナの感染拡大防止や医療崩壊阻止、経済的損失の抑止などを総合的に勘案すれば、人口や経済が集中している都市部、例えば首都圏を始め、大阪や名古屋などの都市部に優先的・集中的に先行配分して接種の促進を図る方が、全体最適に叶っているのではないか、と思えた。

◉大規模接種というパフォーマンス

先に述べたように、ワクチンは基礎自治体が接種するというのが前提だったので、23区はそれぞれに工夫を凝らし、緻密に接種体制を組んでいた。しかし、ここに東京都や国が独自に接種会場を「後付け」で作り、現場は混乱を極めていた。

杉並区は当初、区民の年齢別に順序だてて、接種券を送ることとしていた。区全域に数十万枚もの接種券を一斉に送ると区民が接種会場に殺到し、混乱を招くことが目に見えていたからだ。また、紛失が多発し、それに対応して煩雑な業務が発生する。もとより、印刷の枚数から言っても、大規模事業者に工場のラインを抑えて依頼せざるを得ず、細かい修正にも対応ができないとも考えていた。医師会の協力を得るために時間がかかったこともあって、少しずつ、体制を組んでいったのである。

また、練馬区などは緻密で、かかりつけ医や近くの診療所で接種できる個別接種をメインに、集団接種を組み合わせた「練馬区モデル」を打ち出すなど、区によっては詳細に設計して、ワクチン接種に備えていた。

ところが、国が令和３（２０２１）年5月、自衛隊による集団接種会場を開設する。現場ではまさに、接種券を発送しようと進み出しているところで、国が唐突に集団接種会場の開設を打ち出したのである。

何が起きたか。

杉並区の中には接種を待ち切れず、自衛隊の会場に行こうとする区民が出てくる。しかし、手元には接種券が届いていない。区役所にはクレームが殺到である。こちらはパニックを引き起こさないように順序だててやっていくことを決めていたのに、国が途中でしゃしゃり出てくるから、逆にそのクレーム対応に大変な思いをしたのである。

これは何も、杉並区に限った話ではない。緻密に計画を立てていた区ほど現場が混乱して、すぐに接種券を送らなければいけなくなった。担当部署は前倒しでの作業を強いられ、区職員も印刷業者も泣きたくなる思いだった。

ここに追い打ちをかけたのが、東京都が立ち上げた集団接種会場である。またしても小池知事によるパフォーマンスかと思った。

国の自衛隊集団接種会場には当初、希望者が大挙して押し寄せたが、数週間で閑古鳥が鳴き始めたと記憶している。それは、各区で接種会場が順次、立ち上がっていたからだ。そういう状況なのに、今度は東京都が令和3（2021）年5月以降、独自に接種会場をつくるという。小池知事はそれまで、接種の主体を変えることは「更なる混乱につながる」として慎重な考えを示していたが、都民・国民の受けがいいと見るや、大規模接種会場を「急造」してしまった。

都民にとっては確かに、接種を受ける会場の選択肢が広がる側面はある。しかし、杉並区としては全部、接種を予約制で進めていたわけで、国や都の接種会場に行くことでキャンセルが出てしまうと、その分、貴重なワクチンが無駄になってしまう。こちらで精緻に接種体制を作っているのに、東京都が余計な口出し・手出しをすることで、却って混乱を来したのだった。もちろんキャンセル分は杉並区の職員に回すなど有効活用の徹底を図った。私自身も1回目の接種はキャンセル分を利用したほどである。

さて、接種券の配送では残念な出来事があった。令和3（2021）年6月、郵便局に持ち込んだはずの接種券が足止めになったまま、区民に届かなかったのである。

配送の時期がちょうど都議選の「選挙のお知らせ」（投票券）の配達と重なっていて、区から郵便局に対し、これより優先して速やかに接種券を配達するよう再三要請し、6月21日に郵便局に持ち込んだ。それにもかかわらず、「選挙のお知らせ」は告示前の25日に届き、接種券は郵便局に預けてから1週間以上も放置されて29日に配達された地域があった。その間、区民からは「どうなっているんだ」と苦情が来る。郵便局に尋ねると、「職員は一生懸命やっている」と言う。これには強く抗議せざるを得なかった。

選挙を優先させるという事情には一定の理解をするが、区民がフラストレーションを溜めなが

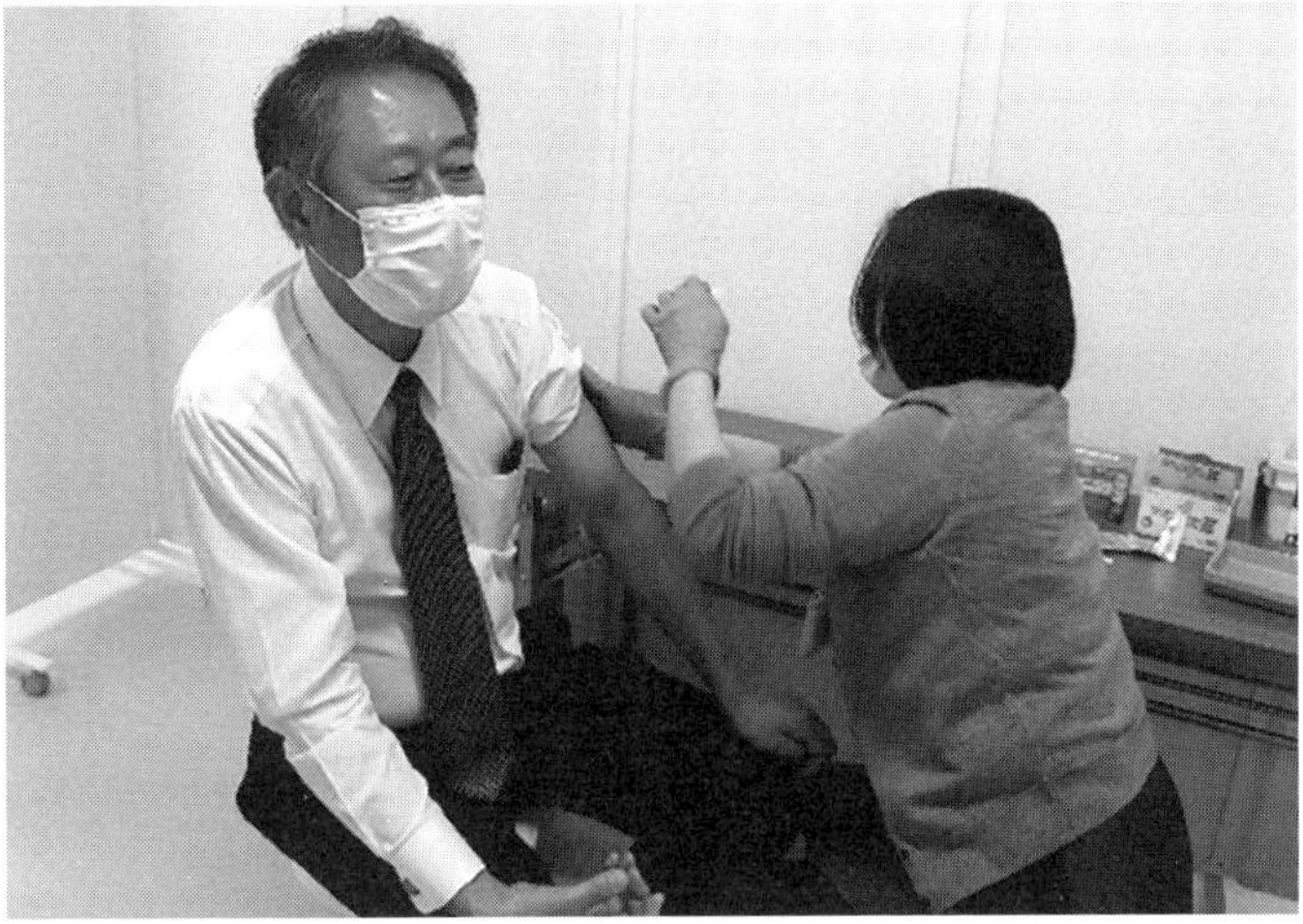

ワクチンの余剰は急遽、区の職員向け接種に回した

ら接種券の到着を待っているのに、郵便局は選挙期間中、何をしていたのだろうか。臨時職員やアルバイトを動員してでも早く配達しようという気概はなかったのだろうか。そんな仕事ぶりが分かっていたなら郵便局に持ち込まず、こちらで直接、郵便ポストに入れてしまえばいいと思ったほどだった。

郵便事業は民営化したとはいえ、職員には公共的な仕事に従事する責任と使命がある。コロナ禍という国家危機にこそ、無理してでも頑張る気概がないといけない。選挙優先で配達するのは分かるけれども、区としては早く郵便局に持ち込んでいるのだから、投票券を配達し終わって1週間以上も接種券を放置しておいたことには納得できない。せめて投票券を発送し終わったらすぐに対応すべきだったと抗議した。

それに対する郵便局の合理的な説明はなく、区としては広報に、「郵便局にはいつ持ち込んでいる。そこから配達が遅れたのは郵便局の責任であり、区としてサボタージュしたことはない」と載せたほどだ。区の中には「そこまでやらなくても」と言う職員もいたのだが、私としては収まらなかった。郵便局は民営化を経て、サービス水準が確実に落ちる一方で、料金だけは高くなっていると言う人がいるが、そのようなことがないよう、サービス水準を落とすことなく利用者のために奮励努力してほしい。

◉医療人材の無駄遣い

ワクチンの集団接種会場には、医療人材というリソースの使い方という点で大きな問題もあった。令和3（2021）年夏、デルタ株が猛威を振るったのは、五輪・パラリンピックの期間であった。東京大会に医療人材が多く割かれ、医療機関に入れずに自宅療養中に死亡する人も発生した時期である。医療人材が不足している局面なのに、国の自衛隊接種会場には、高度な技術を持つ医官が配置されていた。

自衛隊の医官というのは戦時中に医療を担う訓練を受けている優秀な医師である。そういう人たちが、ワクチン接種に従事していてよかったのか、という疑問が拭えない。東京都のワクチン接種会場も同じで、都立・公社病院の高度な技能を持つ職員を充てていた。

ワクチン接種は基本的には、経過観察は必要だが、インフルエンザなどと同じ予防接種である。一方、感染者に対応する医療現場はただでさえ医療者が少なくて疲弊している状況だ。どうしてその現場から医療者を引き剥がすことをしたのだろうか。

杉並区では実は、デルタ株が猛威を振るった時期、訪問診療を担ってくれる医師はわずか2人しかいなかった。他の医師にも様々な事情があったのだろうが、厳しい状況の中でコロナ患者の往診に当たってくれた開業医のお二人には、敬意と感謝を申し上げたい。区としてそれを顕彰する機会を作るべきだと考え、「医療シンポジウム」を企画し、コロナと闘って頂いた病院に加え、往診に当たってくれた2人の先生には感謝状を差し上げた。

ワクチン接種に関しても、国家危機の状況なのだから、区の看護師や保健師にも公務員として接種に協力してほしい、と訴えた。「頑張ります」と応じてくれる職員もいたが、中には「私たちはそんなことで区の職員やっているわけではない」と反発する職員もいたそうだ。

そんな反発を受けながら、私は「今どれだけ大変な時期か分かると思います。ワクチン接種は、あなた方、資格を持つ人にしかできない仕事です。普段は保健師として仕事をしていても、接種に協力して頑張っているという姿を区民に見せることが大事で、区に対する信頼感も高まる」と説得して、協力してもらおうと必死だったのである。

こうした努力を重ねつつ、杉並区では1日当たり3千~5千発のワクチン接種体制を確保することができた。接種を開始した当初は1日に1千発程度しか打つことができなかったが、地域の診療所などに協力してもらって体制を強化し、今では余裕を持って接種を受けられるようになっているはずである。

ワクチンが供給されない時期でも、接種体制を維持するというのは無駄だという指摘もあるだろう。それでもいったん接種体制を解除してしまうと、もう一度、必要になった時に医療者を確保して体制を立て直せるか、保証がないのである。

先ほど述べた通り、国や東京都が大規模接種会場を開設したこともあり、杉並区で使用できるワクチンには限りがあった。だからと言って、いつ何時、ワクチンが大量に入荷するかは予測がつかないし、いざ入ってきた時に体制が整っていなければ、接種が追いつかない。区民からは「どうして接種のスピードが遅いのか」というクレームも来るだろう。

ワクチン不足を巡っては、デルタ株が拡大する中で、仲間の区長・市長らとともに令和3

（2021）年8月、ワクチン資源の集中投入などを国に提言した。国民の健康と生命を守るために『政治休戦』して、全力で危機回避に当たるよう訴えたのである。

提言は、保坂展人世田谷区長や吉住健一新宿区長、酒井直人中野区長、西岡真一郎小金井市長（当時）、阿部裕行多摩市長と共同で行った。この段階では区市町村もワクチン接種の体制を整えていて、国や東京都が大規模接種会場を開設する意味は薄れていたからである。貴重な医療のマンパワーを臨床に投入する必要があり、東京都に至っては区市町村が使用するはずのファイザー製を使っていて、そこまでして独自にやることに意味があるのかは疑問だった。

集団接種会場は「仕事をやっている感」を発信しやすいのだろうが、現場では医師不足が深刻で、臨機応変の対応が求められていた。にもかかわらず、小池知事の政治的パフォーマンスが色濃く映った。

コロナのような事象は過去、頻繁にあったわけではないだろうから、多少の混乱はやむを得なかったとも思うが、これ以上、国や東京都はかき回さないでほしいと思ったのは私だけではないと思う。

ワクチン接種の担い手は医師法上、医師や看護師などに限られているが、厚生労働省は令和3（2021）年4月、一定の条件の下で歯科医などに協力を求める通知を出したが、この対応も遅きに失している。

私はワクチン接種について、区長会に厚生労働省の審議官らが説明会に来た際、歯科医や獣医師も接種できるように至急検討すべきだと提言した。その甲斐があってか、その後、歯科医も一定の研修を受ければ接種可能ということになり、杉並区では早速、歯科医師会と区の看護師・保健師のタッグチームで運営する接種会場を設けた。

しかし本来は、ワクチン接種の打ち手を確保するために、国がもっと汗をかくべきだった。国は「壁」を乗り越えずに既存の枠組みの中で安全運転に終始していた感が拭えないが、それだけでは未知の感染症という脅威に対峙することはできないのである。

第4章

被災地との絆

――東日本大震災の教訓

◉誰も入らなかった30キロ圏

平成23（2011）年3月18日、東日本大震災直後の福島県南相馬市内はさながら、ゴーストタウンのようだった。

最初に被災地から直接、支援要請を受けたのは、発災から3日後の3月14日だった。それまで連絡が取れずにいたが、ようやく桜井勝延南相馬市長（当時）と電話がつながった。

桜井市長に現場の状況を尋ねると、「とにかく必要なのは石油です」と言う。「救援に関わる職員たちのガソリンや暖をとるための灯油の供給が滞りつつある状態で、その補給が最大のネックになっています。食料は当座、何とか対応できると思っていますが、杉並区さんから物資で応援を頂くとしても、東京電力の福島第一原子力発電所の（事故の）関係でどうなるか……」。現地の厳しい状況が窺い知れた。電話の最中も、大きな余震がある。私は町会連合会・商店会連合会や商工会議所、産業協会が中心になって、義援金を集める動きがスタートしていることを伝え、全面的にバックアップしていくと約束した。

3月18日、昼前に2台で区役所を出発した。灯油を満載し、臭いが充満した車内。一路、東北道を北上した。

道中、ラジオでこんな話が流れてくる。被災地の方の投書だろうか。

「震災以降、よく見かける光景ですが、私はあるスーパーで大量の生活用品を買い込む大人たちの列の中にいました。その中にお菓子をたくさん抱え込んだ小学生がいました。ようやく自分のレジの順番が回ってきた時、その子はその瞬間『今日はやめた』と言い、急いで商品を棚に戻して、ポケットから千円札を取り出し、義援金箱に入れました。私を始め、大量の買いだめ商品を抱えてレジに並んでそれを見ていた大人たちは、さぞ自分の姿を恥ずかしいと感じたことでしょう」

子どもながらに、「買えなくて困っている人が大勢いる。自分も何かの役に立ちたい」と思ってのことだったのだろう。被災地の復興のために何かしなければ、との思いを強くする。

地震の影響で、道路は所々、亀裂が走っている。

途中、後続車が付いてこない。おかしい、事故にでも遭ったか――と嫌な予感がしたが、10分ほど後に追いついて来た。聞けば「灯油を入れた缶がひっくり返った音がして、念のために点検したんです」と言う。

灯油はあくまでも「危険物」である。慣れない仕事に、職員たちも緊張していた。

今思い返しても厳しかったのは、原発事故の状況が分からなかったということだ。日本にとって、未曾有の原発の過酷事故である。

放射能でどのような影響があるか分からないから、若い職員たちを軽々に送り出すわけにはいかない。杉並区では有志の管理職たちが率先して手を上げてくれたが、それでも何かあった時に私が安全地帯である区役所に籠って指揮を執っていたというのでは、絶対に後悔する――こんな思いで現地に出向く日程を作ってもらい、救援物資を届ける一隊に加えてもらったのだった。

私が現地に入った時はちょうど、福島第一原発の1号機と2号機が爆発した後で、今度は4号機が危ないという緊迫した状況だった。政府は当時、最悪のシナリオとして、首都圏全体の避難を想定していたことも後に、明らかになった。


南相馬市役所の職員たちは皆、疲弊しきっていた。町じゅうがガランとして住民は逃げ出していて、役場に残っている職員たちは何日も睡眠を取れず、ひたすら仕事に追われ続けていた。

市長室に入ると、普段は柔和な表情の桜井勝延市長が鬼のように険しい形相を崩さず、私たちを出迎えてくれた。同市では東日本大震災の最大震度6弱の揺れと押し寄せた津波の影響により、多数の死者と5千戸を超える住宅が損傷し、ライフラインが完全に停止した。東京電力福島第一原発事故で大量の放射性物質が放出され、南相馬市は外部からの支援物資が届かない「陸の孤

東日本大震災で甚大な被害を受け、がれきが散乱する南相馬市内

南相馬市の桜井市長から電話で支援の要請を受ける筆者

島」と化していた。

市長室にはもう一人、若い男性がちょこんと座っていた。聞けば、地元選出の衆院議員だという。いかにも頼りなさげに見えたのだが、こんな有事にこそ、政府と地元とをつなぐパイプの役割を果たさなければ仕方がない。「あなたの親分は誰だ」と尋ねると、「一応、小沢（一郎）さんです」と言う。私は「一応、なんて言っていたら、相手にされるわけがないだろう。『小沢先生です』とはっきり言わなければいけないし、福島県にとって大事なことがあれば、直接、訴えるんだ。そのために国会議員をやっているんだから、ちゃんと国を守らなければ駄目だ」と激励したことを覚えている。

◉南相馬市とのホットライン

東日本大震災の特徴は、規模がこれまでになく大きく、被災3県はおろか、国も被災状況を正確に把握できなかった、ということだ。だから国も都道府県に対して具体的な協力を要請することができなかった。

特に20～30キロのドーナツ状の地域が重なる福島県南相馬市は福島第一原発の事故直後から屋内退避要請が出され、まさに孤立無援の状態だ。原発から20キロ圏内は避難指示が出ていて、自力で圏外に退避できない住民は自衛隊が連れ出してくれるから、「空っぽ」になった。ところが20～30キロ圏内の屋内退避エリアは、圏外からはヒト・モノ・カネ・情報が遮断されて入って来ない。そうした状況で、現地からは「避難者で溢れている。一刻も早く救出を」という切羽詰まった要請が届いていた。

杉並区は南相馬市と長年の交流があり、東日本大震災が発生した直後から、支援を出す心づもりではいた。災害時の相互援助協定を結び、ホットラインがあり、支援する用意ができていたのである。

震災直後から、テレビでは東北沿岸に津波が押し寄せて、人や家屋が流れ出しているのを映している。おまけに原子力発電所の爆発が伝えられ、避難者も溢れ出ていた。しかし、東京都に何度、必要な支援を問い合わせても、まともな打ち返しが来ない。国も東京都も必死になって情報収集に動いていたのだろうが、行政ベースでは被災状況をほとんど集約できず、全体像を把握できていなかったのである。

杉並区はと言えば、南相馬市との関係ができていたし、職員の人事交流も実施していたから、私と桜井市長との関係はもとより、現場レベルでは職員同士が携帯電話で連絡を取り合うこともできる間柄だった。「今、津波にのまれた遺体を搬送している最中です」という厳しい報告が上がってきたり、「桜井市長も全く寝ていない」「燃料が不足している」といった報告が断片的に入ってきたりして、すぐに救援物資を送ることが必要だと判断したのである。

福島第一原発事故は、想像以上に現場の支援を困難にした。国や福島県は段階的に避難指示を出しており、最初は福島第一原発の半径2キロ圏に避難指示を出し、それが3キロ、10キロ圏と広がってきて、3月15日には20～30キロ圏に屋内避難指示が発令された。

しかし、屋内に避難と言っても、待っていれば救援物資が来るわけではないし、ましてや情報も伝わって来ない。住民がガソリンを使い果たしてしまったら、商店に買い出しに行くこともできず、完全に孤立状態になってしまう。

一方で、国が原発から20～30キロ圏内に屋内退避を指示したことで、杉並区の支援も滞ることになった。こちらから支援物資を持って行った第一陣が原発から30キロ圏の検問で「ここは入れません」と跳ね返されて、福島市内に誘導されてしまったのである。

当時は民主党政権。杉並区から国に要望して、救援物資を積んだ車両がとにかく検問を突破できるように話を付けてもらい、現地に入れる手はずを整えることにした。

ここで協力してくれたのが、現世田谷区長の保坂展人さんだ。当時は衆院選に落選し、浪人中の身だったが、事務所は杉並区内に置いていて、時々、顔を合わせる仲だった。保坂さんが所属していた社民党は当時、民主党と連立政権を組んでいたから、社民党サイドからも要望を上げてもらい、首相官邸が主導して検問の取り扱いを決めてくれた。

実はこの時、被災地に同行してもらった人がいた。社民党の衆院議員だった服部良一さんである。首相官邸のトップダウンで検問を通過できるよう取り計らってもらってはいたが、警察の通知が末端まで届いているかどうかは不安だった。何より現地は混乱していて、何かの理由で通行が許可されないということも想定された。社民党にとっては現地を確認するための非公式の「派遣」であり、こちらとしても何かあれば連立与党を組む政党の国会議員として取り決めを確認してもらうため、言葉は悪いが「人質」として、帯同したのである。この時は幸い、何事もなく検問を突破できたが、入念に知恵を凝らしながらの行程となった。

被災地に救援物資を届ける一方で、今度は南相馬市の避難者をどうするか、という切羽詰まった問題があった。人数は数百人規模、あるいはそれ以上いるかもしれないという不透明な状況に直面し、取り敢えず費用のことは脇に置いて、とにかく可能な限りの支援をやろうと決意した。南相馬市とは直接のつながりがない群馬県東吾妻町、新潟県小千谷市、北海道名寄市という杉並区の交流自治体にも直接、救援に協力して欲しいと声を掛けた。発生する経費については災害救助法の適用を国に要請することになるだろうが、それは後回しにして、すぐに行動することが重要だ。「経費は3月いっぱいは杉並区で持つ」と約束し、それ以降は「改めての協議事項」として打診した。

私の要請に対して、各首長は「分かりました。全力で頑張ります」と即答してくれた。東吾妻町にある杉並区の宿泊施設「コニファーいわびつ」に被災者を避難させようと考えていると、「自前でバスを出し、救助に行きます。町の温泉施設でも受け入れます」（中澤恒喜・東吾妻町長）

「うちは民泊で受け入れできます。県と連携して、南相馬市からの避難者を優先します」（谷井靖夫・小千谷市長、当時）

「支援物資と職員派遣で協力できます」（加藤剛士・名寄市長）

と、皆が立ち上がってくれた。自治体間による「スクラム支援」の始まりだった。

早速、東吾妻町の「コニファーいわびつ」を避難者の受け入れ先と決めて、バスを手配しようと、東京都の交通局長に協力を要請した。局長はすぐに協力を約束してくれ、「東京バス協会にも呼び掛けたい」と応じてくれた。ところが喜んだのも束の間、すぐに「国の屋内退避要請が出ていて、30キロ圏内には入れません。避難民の方々には30キロ圏外まで出てきてもらって、そこでピックアップしたい」との連絡が入った。ガス欠で動けない人たちを救援に行くのに、30キロ圏外まで出て来いとは……と言い返したくなる気持ちもあったが、事は一刻を争う。言い争っている時間がもったいないなかったので、東京都との交渉は打ち切り、圏内に「突入」してくれるバス会社がないか、探すことにした。職員らが電話帳を広げて片っ端から電話をかけまくった結果、区内外の2社が協力してくれるという。

こうして東吾妻町と杉並区から各5台、計10台のバスで南相馬市役所に乗り込み、400人余りの避難者を「コニファーいわびつ」まで送り届けた。

群馬県には南相馬市だけでなく、福島県の被災者が多く避難していた。そのような状況下で私が留意したのは、南相馬市の避難者のコミュニティをどうやってつなぐか、ということだった。そこで「コニファーいわびつ」の施設内に南相馬市の臨時出張所（事務所）を設け、杉並区からも職員を派遣して南相馬市職員と共に、避難者の名簿を作成、一人ひとりの声を受け止めながら、様々な支援に結び付けたり、情報の共有化を図ったりした。

結果的には災害救助法の弾力的な適用を受け、例えば区営住宅を「みなし仮設住宅」のような形で財源を負担してもらったが、今から思えば「見切り発車」そのものである。

群馬県東吾妻町にある杉並区の宿泊施設で被災者を受け入れるには、1カ月で約3千万円の費用が必要だったが、国から財政的な補償を受けられることを担保しないまま動いた。被災地を放っておくわけにはいかないし、国や東京都の緩慢な対応を待つこともできなかった。役所的な発想で言えば、財政的な裏付けがないままでは、対応を躊躇する自治体が出てもおかしくはない。

誰も想定していなかった原発災害において、杉並区はあの手この手でハードルをクリアし、福島県南相馬市を支援した。同市と結んでいた災害協定に基づくものだが、区長としては決断に覚悟が必要だったのも事実だった。被災した自治体が直接的に、別の自治体に援助を求めてもいいのだが、それでは災害救助法の適用外になってしまい、各自治体の「自腹」を切らざるを得ないからである。

東日本大震災では、災害救助法の限界が明らかになった。この法律は大規模災害が発生した時、被災地に送る物資など、要請に基づいて行った救援活動の費用は全額、国が負担すると定めていて、被災しなかった別の自治体が積極的に支援することを念頭に置いている。しかし、被災自治体が別の地方の区市町村に直接支援を要請しても、都道府県と国を介していなければ、法の適用外とされかねない。被災して一刻を争う状況下で、あまりに時間がかかり、非効率なのだ。

国や都道府県からの「垂直」の災害支援だけでは、東日本大震災のような広域的な災害に十分対処し切れないと感じた私は、区市町村を中心とした水平的な支援の取り組みである自治体スクラム支援を新しい災害支援の仕組みとして位置づけて、財政措置の対象や法的根拠を与えるよう、首相官邸に乗り込んで直談判した。また、基礎自治体同士が主体的に連携して被災者を救助できるよう、災害救助法の規定の整備を、厚生労働省や経済産業省に対して要請した。特に、厚生労働相（当時）の細川律夫さんが弁護士の資格を持つ人格者で、私たちの要望をうんうんと聞きながら誠実に対応してくれて、組織を動かしてくれたのは、非常に助けられた。

こうした経過をたどり、平成24、25（２０１２、13）年には、災害対策基本法の改正で、自治体間の「水平的」な支援の有効性を認め、都道府県の区域を越える広域支援についても規定が盛り込まれた。東日本大震災を経て、災害対策では自治体同士が相互に助け合うということも大事な支援の方法だということが、法的に位置づけられたのである。

これは地方行政を預かる首長としても大きな前進だった。私はそれに合わせて災害救助法を改正し、自治体間の支援を明記した方がいいのではないかと提起したのだが、民主党政権が短命に終わり、政権交代のうちに法改正は時間がかかってうまくいかなかった。それでも、法律の弾力的な運用という前例を作ったことで、「実」を勝ち取ることができた。大規模な災害時に最も必要なのは、何と言っても被災地の実情を踏まえたスピード感ある対応であろう。そして東日本大震災を踏まえて広がった自治体の連携の枠組みは、杉並区にとっても一つの成果だった。杉並区が独自で立ち上げた「スクラム支援会議」である。

杉並区では平成25（2013）年4月、それぞれの自治体で同じ助け合うという内容の災害時相互支援条例を施行した。例えば大規模災害が発生したときに被災地の要請がなくてもこちらの判断で支援をしていくことができるという趣旨だ。実務的には、条例化したことで、災害支援の財政支出や組織を動かす法令上の根拠を各自治体が共有する形を取っている。

「ひょうご震災記念21世紀研究機構」（理事長＝五百旗頭真・元防衛大学校長）がまとめた東日本大震災の復興状況に関する調査事業報告書では、「被災地の現状に即した人的・物的支援を模索するなかで構築された枠組みが、基礎自治体間の水平的な相互連携スキームであった」として、マルチの相互応援協定が安定的・組織的な人的支援を支えているものとして評価を頂いている。

今、首都直下地震で想定されるマグニチュード7程度の地震が30年以内に発生する確率は、70％程度に上るとの予測もある。平成7（1995）年の阪神・淡路大震災と平成23（2011）年の東日本大震災の教訓をしっかりと生かしていくことが大切だ。

◉首都直下型地震への備え

3月11日、杉並区が受けたインパクトもまた、大きかった。

震災当時、私は区長室で公務の電話中だったのだが、一瞬、強い揺れが襲い、思わず身構えたのを覚えている。本棚からは本が崩れ、ぱっと窓の外を見ると、杉並警察署の庁舎が揺れていて、職員が次々と外に飛び出してくる。

杉並区では震度5強を観測し、塀の倒壊や瓦・外壁の落下のほか、建物の損壊など被害をもたらしたが、日が暮れてくるにつれて、徐々に今まで経験したことがない出来事に直面することになった。JRを始めとする鉄道各社が運行を取りやめ、街中には帰宅困難者が溢れてくるのである。杉並区役所の目の前の青梅街道には、歩いて帰路につく人達の姿が増えてきた。

まだ3月、太陽が沈むと外は寒い。区長室に駆け込んできた防災課長に、私は全ての避難所を開けるように指示した。「必要がなくても、防災訓練だと思ってやればいい」。当時のマニュアル通りに全部、やれることをやらなければ――この経験を通して、防災上の色々な知見を得ることもできると考えていた。

例えば、学校の体育館。今でこそ、エアコンが付いているが、当時はまだ配備が行き届いておらず、夜にもなると、凍えるほどの寒さになる。各学校の体育館には臨時でストーブを配備し、帰宅困難者が一夜を明かせるようにした。今振り返ると、自家発電機も含めて、杉並区としての防災の備えはこの時の経験が参考になっている部分が大きい。

また、阪神・淡路大震災では、都議会議員として震災翌日に現場に入ったが、今でも覚えているのは住宅街の中で夥しい数の電信柱が倒れ、道路を塞いでいた光景だ。東京都も電柱の地中化に取り組んでいるが、これはまだ前進していない。

例えば木造住宅密集地域は大地震の際、延焼の恐れが強い地域だが、ここでは無電柱化は難しい課題なのである。土木職に言わせると、道路の幅が6メートル程度ないと、電柱の地中化は難しいというのである。建築基準法上、道路は幅4メートル以上とされていて、それ以下は狭隘道路というカテゴリーになる。そういう場所ほど電柱を地中化したほうが防災上、メリットがあるが、技術は確立されておらず、対応が急務になる。

◉「安全神話」のその後

電力は経済活動の「血液」だと言われる。これまで、東京都がここまで繁栄することができたのはある意味では、福島県や新潟県の原子力発電所に負うところが大きい。

しかし、東日本大震災は、その状況を一変させた。これまで日本は原子力発電所には事故が起きないという「原発神話」を妄信していたが、やはり甘かったと言わざるを得ない。津波に襲われて、電源が失われたという結果を見て分かる通りだ。

都議会時代、同僚議員で東京電力労組出身の名取憲彦さん（故人）と一緒に、柏崎刈羽原子力発電所に視察に行ったことがある。東電の社員から説明を受け、お酒を共にしたざっくばらんな交流会の席で「原発の一番の危険は何なのだろう?」ということが話題になった。

その時、彼らが言っていたのは、「予想を超える津波が来た時は駄目です」ということだ。私が「じゃあ危ないのでは」と水を向けると、彼らは「いや、そんな津波は来ないんです」。その一言で片付けてしまった。

今になって、東京電力の株主代表訴訟で、同社の勝俣恒久元会長ら旧経営陣4人が総額約13兆円もの賠償を命じられているが、この時から東電の中には少なからず「大きな津波が来たらやばい」という認識があったのだと思う。

それでも、公式的には「そんな津波は来ないんだ」という前提に立っていたわけであり、社会的にもそれを容認していたのだが、実際に事故は起こってしまった。仮に福島第一原発の全電源喪失がなければ、もしかしたら今でも「原発神話」は続いていたかもしれない。

それにしても、電気を供給する会社が「全電源を喪失する」という事態は、素人としては考えられない。技術を持っているのだから、何とかなるだろうと安直に考えてしまうけれど、結局、何ともならなかった。それを教訓にすれば、いざと言う時に電源を回復する方法を、それも一通りではなくて、幾重ものセーフティーネットをしっかり持っておかなければならないし、原子力発電を推し進めてきた側は大いに反省するべきだろう。

東京は電気の最大消費地だが、地方に電力供給を依存する身として、やはり無駄遣いしないように節約するという心がけもまた、必要ではないか。

東京都では現在、新築の住宅に太陽光発電パネルの設置を義務付ける制度の開始に向けて準備中であり、一部で再生可能エネルギーを拡充する取り組みが進んでいる。私もこの方向性には賛成である。ただ、令和3（2021）年の夏・冬の電力需給の逼迫状況を見ても、原子力発電所を全く動かさないで乗り切れるかというと、不安も大きい。

なぜ日本が第二次世界大戦に入っていったかを振り返ると、石油を始めとするエネルギーが不足し、追い込まれたということが一つの背景としてある。その意味ではエネルギー源はいくつか用意しておくべきだし、原油だけに頼ることなく、原子力発電や火力発電、あるいは風力や水力、地熱などの再生可能エネルギーも含めて、エネルギーのベストミックスを目指した戦略が必要である。

もちろん再生可能エネルギーというのを増やしていくことは環境にも良いだろうし、どんどん成長産業として育てていけばいい。ただ、常に言われるのはコストパフォーマンスの悪さだ。産業として成長するまではある程度、別の選択肢を使いながら辛抱するしかないだろう。

一方で、「安全神話」が崩れた原子力発電だが、これを全くゼロにしてしまうというのは、現実的ではない。原子力発電の専門家の話を聞いてみると、これは何も日本だけの問題ではなく、ヨーロッパや中国はもちろん、韓国や台湾でも原子力発電所を稼動させている。そうなると、原子力分野の技術や人材を一定程度、持続的に確保していく必要が出てくるだろう。

仮に日本で技術がなくなったら、周囲の国で原子力発電が建設され続けても、きちんと監視できないし、仮に事故があった場合に何の支援・調査もできない。日本としても原子力発電の技術を高いレベルで維持しないことには、専門人材が社会的に集まらないことになる。そのためにも原子力発電から撤退せずに、それに関わる技術は持っておくべきだと思う。

◉親日・台湾との友情

原発事故の被害に遭った福島県南相馬市にも大きく関係することだが、東日本大震災で忘れてはならないのが、台湾からの支援である。

それはもう、涙が出るほどの熱い支援だった。震災直後、台湾からは200億円もの義援金が届いたほか、現地でも炊き出しなどの支援があったと聞いている。どの国よりも手厚い手助けであり、台湾の「親日感情」を目の当たりにした国民も多いのではないだろうか。

私は都議会議員の時に、都議会民主党の「日台友好議員連盟」の会長を務めていた。前任は前出の名取憲彦さんだったが、彼が平成21（2009）年の選挙で落選してしまい、当時、最も期数が多かった私に役目が回ってきたのである。

一方、台湾の外交代表機構に当たる「台北駐日経済文化代表処」の副代表には、明治大学の先輩の羅坤燦《ルオクンツァン》さんが就いていた。元々、面識もあったし、羅さんからは「都議会民主党の中にも日台友好議連をぜひつくって欲しい」というリクエストがあり、議連の立ち上げにつながったのである。都議会議長の時には、都議会民主党のメンバーを30人ほど連れだって、台湾を訪れたこともある。

ちょうど台湾と都議会民主党との交流が始まった矢先ではあったが、帰国後、杉並区で平成22（2010）年、現職の区長が辞職し、私が区長選に出ることになってしまった。都議会に籍を置いていた頃、「自治体で何か交流できることがあれば考えたい」ということは、前もって台湾に伝えていた。
その後、私が杉並区長に就任すると、杉並区軟式野球連盟の会長を務めていた藤原哲太郎さん（元衆議院議員、元都議会議員、故人）との懇談で台湾の中学生と野球で交流するアイデアが持ち上がり、とんとん拍子でセッションが実現することが決まったのである。

杉並区としては東日本大震災が発生する直前、平成23（2011）年度予算案に中学生の野球交流事業を盛り込んだ。しかし、その後の1～2カ月は被災地、特に福島県南相馬市の支援にかかりきりになり、しばらく準備もできない状態が続いた。事態が段々と落ち着いてきたのは数カ月後のこと。年度も後半に差し掛かり、ようやく台湾の中学生との野球交流の実現にこぎつけたのである。

その頃、南相馬市はどういう状況だったか。住民が皆、散り散りばらばらに避難することになってしまい、過疎化が進んでいった。市内に残った子どもたちも、屋外で遊ぶのは2時間が限度だった。被曝の心配があったからである。
そんな中、やはり子どもたちには何か目標が必要だろうと思って、思い付いたのが、台湾との交流だ。南相馬市にももちろん、野球少年たちが少なからずいるだろう。代表処副代表の羅さんに、彼らとの交流ができないかと相談したところ、返ってきた答えは「ウェルカム！」。それどころか、台湾政府が南相馬の野球チームを招待する、とまで言ってくれたのである。本当にそんなことしてくれるんですか、と頭が下がる思いだった。

この話を南相馬市に持っていくと、「ありがたい話だから一緒に行きたい」とのこと。台湾の厚意で、原発事故で苦労している南相馬市の支援にもつながった。結局、杉並区と福島県南相馬市、それにスクラム支援会議を組んでいた北海道名寄市にも参加してもらい、3チームで遠征を敢行。杉並区では軟式野球連盟で選手を選抜してもらい「オール杉並代表」というチームを編成した。今や杉並区の野球少年にとって、チームに選ばれること自体が名誉であり、練習のモチベーションにもなっているという。

新型コロナの影響で交流が途絶えた時期もあったが、隔年で往来を続けている。東日本大震災をきっかけとする台湾、被災地との交流は今後も育てていってもらえればと期待している。

「高円寺阿波踊り」とのタイアップもまた、大きな成果をもたらしている。

台湾には「国立台湾戯曲学院」（台北市）という、芸術を専門とするエリートの養成校がある。京劇の俳優を育てたり、アクロバティックな雑技を教えたりと、日本で言えば宝塚歌劇団と日本

台湾で行われた阿波踊りの公演

体育大学、それに木下大サーカスを足して３で割ったような学校だ。杉並区はこの戯曲学院から招待を受けて「阿波踊り」の連を派遣し、その演舞が大喝采で歓迎されたのだった。

　高円寺の阿波踊りはご存じの通り、東京都でも随一の大きなイベントの一つだ。60年以上の歴史があり、毎年2日間で、延べ1万人の踊り手と１００万人の観衆を集める賑やかな祭りである。その運営を担っているのが、ＮＰＯ法人「東京高円寺阿波おどり振興協会」で、中心になって踊ってくれているのは「高円寺阿波おどり連協会」の皆さん。彼らが台湾と交流を重ねるごとに踊り手を増やし、直近の3回目の公演では１４０人余が台北中心の北コースと、高雄市などから台北に進む南コースという二手に分かれて踊りを披露する大巡業に成長している。
もちろん区財政を無尽蔵に投入するわけにもいかないから、民間事業者からの協賛を得る努力も重ねた。杉並区文化交流課の職員や杉並区交流協会の会員たちが汗をかいて営業してくれているし、こちらが台湾に行くときは台湾側で食事や交通、宿泊費を負担してもらう一方、逆にこちらが受け入れる際はこちらで受け持つ「着地接待」ということをルール化して交流を温めてきた。コロナの影響で3年ほど交流が途絶えているのが残念だが、阿波踊りはまた再開すればいつでも向こうに行ける準備はできているようである。

台湾との交流の端緒となったのは都議会で作った議員連盟だったが、最初に野球交流を始めた時に代表処の実務担当者だった代表処教育部副部長（当時）の林默章さんは、自宅が阿佐谷にあったこともあり、退官後に杉並区の顧問として勤務してもらうことになり、その林さんのご尽力で杉並区では台湾政府の教育省や台北市と交流の覚書を交わすことができた。そのおかげで、特定の自治体に限らず、台湾の全土にわたって、野球や芸術といったテーマで交流できる素地ができた。そして国内外を問わず、大事なのは公職にある政治家がまずは先方と食事したりしながら交流を重ね、信頼関係を醸成することだ。それが市民同士の交流を作り出すための、最初の突破口を作ることにつながるのである。

今、台湾はちょうど、安全保障上の問題で非常に注目されていて、関心は高まっている。日本に対する親近感もものすごく強い。過去には日本が植民地として統治していた時代があるが、当時の総督府の建物は現存して、政府が観光資源にしている。

台湾の親日感情が強いのは、東京市長も務めた後藤新平がダムを整備して農業振興を支援するなど、植民地政策を非常にうまく進めたことが背景にあると言われている。日本軍は朝鮮半島や中国大陸では高圧的に振る舞っていた経緯から反感が強いが、こと台湾では大陸から逃れてきた蔣介石が台湾の原住民を弾圧した歴史があり、「それに比べれば日本の統治は天国だった」という印象も一部ではあるらしい。

日本に対する親近感が強いからこそ、東日本大震災の際には手厚い支援をしてくれているし、逆に台湾で地震が起きた時には、日本から多くの支援が届いている。これからも交流を深めていってほしいと思う。

◉幻の南相馬復興五輪

東京2020大会のメインテーマは東日本大震災からの「復興」だった。実際には野球・ソフトボール競技が福島あづま球場（福島市）で行われるにとどまったが、実は立候補ファイルを作る段階で、馬術競技を福島県南相馬市に持っていけないか、と考えていた。南相馬市は1千年余りの歴史を持つ「相馬野馬追《そうまのまおい》」という伝統行事の中心地でもあり、馬術に大きな縁がある土地である。

そこで私は、JOC元会長で最高顧問に就いていた堤義明さん（西武鉄道グループ元オーナー）に相談した。堤さんは一線を退かれたとはいえ、関係が良好ではなかった石原慎太郎都知事と竹田恒和JOC会長（いずれも当時）との間を取り持つ、いわば「緩衝材」として大きな影響力を持っておられた。

「田中さん、いいところに目を付けたね。先の東京五輪も馬術は（長野県の）軽井沢でやったのです。馬術の選手や競技関係者はヨーロッパの貴族が多いものだから、必ずしも選手村への入村にこだわらない人が多いのです」

堤さんはこう言って協力を約束してくれ、すぐにJOCの竹田会長に話を通して頂けた。竹田会長は馬術競技出身であり、「南相馬が馬を愛する土地柄であることはよく知っています。様々な大会でも観客動員数はずば抜けています」と応じてくれたが、一方で「問題はIF（国際競技連盟）が了承してくれるかどうかです」。IFを説得できれば、南相馬市への馬術競技の誘致にも希望の光が差す。私たちもそれに向けた誘致プランを急ごしらえで作成することになった。

しかし竹田会長がＩＦに打診したところ、「なぜわざわざ放射能の危険なフクシマでやるのか」とどうしても賛同が得られなかったという。竹田会長にはわざわざ、杉並区役所までご足労頂き、「実現に至らずに申し訳ない」と直々に頭を下げられたのだが、「フクシマ」に対する海外の負のイメージがいかに深刻であるかを改めて痛感する出来事だった。

東京２０２０大会の馬術は競技場の仕様の都合などから、東京の馬事公苑と海の森クロスカントリーコースで、無観客の中で実施された。しかし、もし南相馬市で行うことができていれば、被災者にとっても大きな励みとなり、復興の一助になったのではないかと今でも思っている。

第5章

逆風を耐え忍び

——次世代への責任を果たす

◉保育所の「呪縛」

私が杉並区長に着任した平成22（2010）年というのは、保育園の待機児童の解消は困難だと言われた時代だった。

子どもの人口が減少しているにもかかわらず、保育と学童クラブの需要は右肩上がりである。私の区長就任前も役所としては保育の需要はこの程度という予測を立てて区独自の保育室などを整備していたが、結果的にその予測が外れてしまう。認証保育所や小手先の小規模保育をつくるといってもそんなことをやっている間にまた待機児童が増えてしまうのである。

これはどうしようもない——ということで、私はある時期から抜本的に従来の発想を変え、認可保育園の大幅な定員増を基本戦略に据えた。待機児童を解消するには最低でも待機児童数の3倍から5倍ぐらいの認可保育園の定員を増やさないと解消できない。

保育所には「認可」のほか、東京都が独自に基準を定める「認証」、そして行政的な認可を受けていない「無認可」の形態があるが、私はある時期から一貫して新設するのは「認可」を原則とし、さらに「認証」の「認可」移行も進めてきた。

認可保育所は保育士の確保やまとまった土地を準備しなくてはならず、様々な基準をクリアしなくてはならないハードルの高さがある。それでも、子育て世帯から寄せられる要望は単に「どこかに預けたい」ではなく、「認可保育所に預けたい」というものが大多数だったからである。その根底に「より質の高い保育を子どもに受けさせたい」という思いが込められていることは言うまでもない。そうした中で平成28（2016）年3月、認可保育所を11カ所新設する予定が、7カ所しか整備できず、4月には杉並区の保育所申込者数は過去最高の約4千人となり、待機児童数は136人と前年比約100人の大幅増となった。背景には就学前児童人口の急増に加え、女性の社会進出の高まりなどがあった。さらに翌平成29（2017）年度には560人もの待機児童が出そうだという報告が上がり、危機的状況を迎えていた。この危機を打開するために策定した「緊急対策」が公園の保育園転用の反対派との対立につながっていったのである。

「公園を潰すのか！子どもの遊び場を奪うのか！」

平成28（2016）年7月、私たちは一部で激しい批判にさらされていた。待機児童の緊急対策を進める最中の出来事である。

保育所を整備するには、まとまった土地が必要になる。首都圏の住宅街では、そんな土地を捻出するのも難しい。これが保育所を整備する上での最大のネックになっていた。

そこで、何をしたかというと、区立公園の一部に事業用地を確保して、保育所を整備しようと決断したのである。

11カ所の計画が7カ所しか達成できなかった原因も事業用地を確保することが困難だったからだ。毎年、5～6カ所の増設なら民間事業者の公募に任せていても可能だが、それ以上となると、自前の区有地や国・東京都の公有地等を視野に入れて、新規確保や施設再編で事業用地を捻出しなければならない。

ただ、平成28（2016）年3月時点で、放っておけば翌年に560人の待機児童になるという状況を回避するには、2千人規模で認可保育園の定員増を達成しなければならないということだ。これをやるには、認証だの小規模だのという小手先では駄目で、100人規模の認可保育園をどれだけ造れるかが勝負だった。通常なら、認可保育園の整備には2～3年はかかるところを、わずか1年でやり遂げる必要があった。

当然、公園は一部使えなくなるから、抗議する人が出てくる。そういった反対運動というのは当初から予想はしていた。それでも、これを進めないと待機児童が解消しないのだから仕方がない。この問題を放置したままでは、保護者、特に母親の方が育児のために仕事を諦めざるを得なくなり、失業してしまうということである。だからこそ、皆、真剣に保育園を増やしてくれと要請していたのである。

もちろん区民の中には保育にプライオリティを置かない人もいるだろうが、多少強引であったとしても、喫緊の課題を解決するためにはやむを得ない、と踏み切ったのだった。

◉住民説明会に6時間缶詰

反対が強かったのは、久我山東原公園（約2171平方メートル）と下井草の向井公園（約1276平方メートル）だった。最も激しく反対していた久我山の関係者には区長応接室で面談し、私から、突然こうした事態になったことを素直にお詫びした。その上で、保育需要の急増とその対策が最優先課題であることを説明して協力をお願いした。その方々はマスコミも動員しており、非公開での面談にもかかわらず、その日の夕方のテレビでは録音された音声の一部が放送された。

また、地元の説明会では、延々と反対派の人たちが職員に詰め寄り、資料を破り捨てたり、子どもを動員してプラカードを掲げさせたり、マスコミを意識したパフォーマンスが繰り広げられた。そんな中で「保育園は必要です」と訴える勇気ある若い女性に対して怒声を浴びせた反対派の異様な光景もテレビでは映し出された。

職員も覚悟して説明会に臨んだが、トイレにも行けずに約6時間、缶詰め状態で頑張ってくれた。ちなみに私も出ると言っていたのだが、区長が出るとかえって火に油だと考えたらしく、職員からは「私たちに任せて下さい」と強烈に忌避された。

一方で、住民からは「子どもの遊び場を、代替地を用意してください」という要望が寄せられていた。子育て中の世帯からしてみれば、公園の一部が保育園になることで、遊び場が狭くなってしまうのだから、もっともな理屈である。急な話ではあったし、私としてもしっかりと謝罪させてもらった。区役所としては何とか最善を尽くして代替となる用地を探し、区内の地主さんを回って、子どもの遊び場として開放できるような土地を提供してもらえないかと協力をお願いした。そして何とか、「分かりました、協力しましょう」と、翌日に契約というところまで漕ぎ着けたのである。

するとその翌日、区の担当部長が泣いて帰ってくるではないか。

何と、反対派の人たちが地主さんのもとに押しかけて、区に協力しないように求めていたというのである。これに地主さんも怯んでしまって、契約がストップしてしまった。反対派は「子どもの遊び場の代わりになる場所を用意しろ」と言いながら、一方で地主さんには区に土地を貸さないようねじ込み、一部のメディアがそれに乗っかって、あたかも「区役所が乱暴なことを推し進めている」かのような喧伝をしていたのである。

これ以外にも、保育所の整備のための測量を請け負っていた事業者に対して悪質な嫌がらせや保育園の窓ガラスが割られた疑い、保育園内にガラス片などが反対派の関係者により棄てられたなどという報告も受けていた。時に待機児童を解消せよと叫び、時に子どもの遊び場を確保しろと詰め寄りながら、結局は不満を持っている人たちを煽るだけ煽って、党派の利益に執心している人たちには心底、呆れるしかなかった。

それでも、何も手を打たないままでは、保育所から子どもが溢れてしまう。そして待機児童の問題はその年だけではなくて、毎年起こってくるのだから、やはり抜本的な対策を取らなければならない。

本当に純粋に子どもの遊び場を確保しようと努力したのに、それを敢えて「政争の具」にして反対運動を煽る人たちが現実にいる。私はそれまでどこかで歩み寄れる落としどころはないかと苦心していたのだが、そこで彼らに一切の妥協をすることは無駄だと思い至ったのである。

そう考えると逆に、私としてはファイトが沸いてきたし、区役所がここで立ち止まってしまったら1カ所も保育園ができなくなるとの危機感も持った。杉並区がいち早く、待機児童対策を進められた背景には、こうした事情があった。

公園を保育所のために空けるにも、職員の並々ならぬ努力があった。保育所を整備する予定を立てた区立公園4カ所のうち、特に反対が多かった前述の2カ所には、反対派が反対運動と称して居座っていた。区としても公園内にとどまっている人たちを強制退去させるのは法的に難しいとのことだった。

そこで出た結論は、反対派が公園から出たときを見計らって立入禁止にしてしまうしかない、ということだった。誰もいない公園に規制線を張ってしまえば、その後に公園に入っても「不法占拠」に当たるというわけだ。

保育所の整備と公園の廃止を通告してからしばらくしたある夜、区役所の職員でチームを組み、公園の周囲に張り込むことにした。

真夏の夜は蒸し暑い。蚊も出て来る。園内で酔っ払った住民を装いながら、トランシーバーで連絡を取り合い、時が来るのを待った。数時間は経っただろうか。

「まだ、彼らはいる?」「いや、いなくなっています。皆、帰ったみたいです」――反対派が公園の外に出た瞬間を捉えて、職員たちが大急ぎで「立入禁止」と書かれた黄色いテープを張ってくれた。区役所としては過去の判例を調べ上げ、警察とも連携しながら現地に張り込み、やっと

久我山東原公園内に整備した認可保育園「ポピンズ久我山」

のことで保育園をつくる用意を整えたのである。

公園の用地を保育所として使う一方で、子どもたちの遊び場を確保するためにも、陰ながら努力を重ねた。下井草向井公園を保育所として整備した後、向井公園の代替となる遊び場を整備したものの、従前の公園に比べると狭く、見劣りする。そこで、その遊び場に隣接する土地を確保しようとしたのである。

ここには元々、区民の大きな屋敷があり、それを住宅メーカーの「三井ホーム」が購入していた。三井ホーム側は戸建住宅を販売するための種地として取得したらしいが、私が自ら会社に乗り込んで、土地を譲ってくれないか直談判したのである。

その結果、三井ホームは既にインターネット上で売地の情報まで掲載していたのだが、それを全部ひっくり返して譲ってもらった。その土地は現在、「下井草どかん公園」として多くの地域住民、特に子どもたちで大変賑わっている。子育て環境を整えるために、私としても精一杯、手を尽くしたというわけである。

その時、当時の社長から掛けて頂いた言葉が忘れられない。

「区長からお話があったので、すぐに私自身が現地を見に行きました。区有地が隣接していて、田中区長が欲しいという気持ちがよく分かりました。それに加えて、杉並区が待機児童の解消を始め、子育て政策に熱心であることは、大変高く評価しています。三井グループとしても応援していきたいから、お譲りします」

お世辞と分かっていても、反対派に邪魔されながら取り組んできた子ども政策をトータルで評価して頂いたことは、本当に嬉しかった。緊急対策を始めて5年、10年が経ったら、子育ての環境がどうなっているか見てもらえれば、決して間違ったことはやっていない、という自信にもつながった。

何かを進める上では反発があって、政治的な目的からそれを煽る人たちも少なくない。もしも私がそこで怯んでいたら、保育の問題は解決できなかっただろう。「そういうやり方で攻めれば、田中は立ち止まる」と思われたら、何度でも執拗に批判を繰り返してくるはずだ。一方では「強引だ」と言う批判は甘んじて受けたとして、では待機児童の問題を解決できないままで良かっただろうか？　私は一時の批判を浴びてでも、区民にとっては待機児童を解決する方が良かったと思っている。

待機児童が社会問題となっていた平成30（2018）年4月、人口約57万人の杉並区は「待機児童ゼロ」をいち早く達成し、現在に至るまで5年連続でゼロを実現している。このことは全国の自治体に大きなインパクトを与えたし、大都市であっても「ゼロは当たり前」という現状に至る一つの起点になったのではないかと自負している。

反対派を押し切って公園に保育所をつくるなんて、行政として強引なやり方はいかがなものか——もしかしたら、こんな論評を受けるかもしれない。それでも、私たちとしては悪質な嫌がらせを受け続けてきた以上、それだけの準備と心構えで対応しないと、待機児童は解消できないという信念があった。

最大の反対運動に見舞われた久我山地域でも、地主さんのご厚意で近隣の土地を譲って頂いた。そこは球技場として整備・開放し、今や大勢の子どもたちで賑わっている。更に隣接する別の区民からも土地をお譲り頂いた。老朽化した区立久我山東保育園に隣接した土地でもあり、先に取得した土地と合わせることで久我山東保育園の建て替えも可能になり、公園としても従前の東原公園を上回るスペースを確保することができた。

今、現場を見に行ってほしい。地域にあった公園も当時より拡張しているし、代替の用地を確保して、公園の整備もしている。保育の待機児童も解消につながった。あの時、保育園をつくることに反対していた方々は今頃、どう考えているだろうか。

私は区長時代、保育の待機児童解消に随分、力を入れてきたつもりだが、これは何も自分だけの力で推し進められたわけではない。

待機児童の問題は今でこそ落ち着いてきているが、数年前は「保育園に落ちた」ということで騒ぎになるほどだった。民主党政権の時に、「待機児童ゼロ特命チーム」を立ち上げ、元内閣府政策統括官の村木厚子さんを事務局長に任命したが、当時から、保育園を増やすための事業用地を都市部で確保することがいかに難しいかということは共通認識であり、公園の中に保育所を建てられないか、といった具体的な話もその頃からしていた。

ただ、国土交通省と渡り合って新しいルールを作れるほどの剛腕を持つ官僚はなかなかいない。

というよりむしろ、それこそ政治の役割で、省庁の縦割りを越えて横串を刺し、都市部のためのルールを整備していくことが求められた。民主党政権では村木さんをある意味、シンボル的に使って待機児童対策を進めるつもりだったのかもしれないが、残念ながらイメージアップ戦略で終わった感が強い。

それとは対照的に、杉並区長として大きな助けになったのは、安倍首相（当時）が平成25（2013）年度に旗を振った「待機児童解消加速化プラン」だった。結果的に、待機児童ゼロを平成29（2017）年度に実現させるという目標は達成できなかったものの、私は官邸が旗を掲げた意義はとても大きかったと思っている。まさに福祉の党を自負する公明党との連立の成果だという印象を強くする。

この旗のおかげで区議会の最大会派である自民党が反対することはなく、それは区長として大変ありがたいことだった。安倍政権も掲げていた通り、待機児童の解消は最優先の課題であり、だからこそ公園に保育所を整備する大義が立つ。仮にあの場で自民党が反対したら、区側が行き詰まってしまうのである。

それまで待機児童対策というのは、野党がお得意の政策であるかのように見られてきた。しかし、悪い冗談のような話で、先述した通り、彼らは表で「認可保育所を増やせ」と言っているにもかかわらず、いざそれを実現しようとすると、肝心な所で反対に回っていた。一般の区民にはそうしたことが伝わっていないのかもしれないが、少なくとも現場で実務に当たる職員たちはその矛盾に困惑していたのである。

私が着任した当時と、退任した時点では、保育園を建設・運営するのにかけた費用は恐らく数倍に増えているはずで、コストの問題で議会側から異論もあったのだが、杉並区議会では最大会派の自民党が反対しないということが大きかった。

もちろん自民党の中には保育行政に積極的な議員もいるが、必ずしも多数ではない。それとは別に、政治的に区長の功績になるからということで足を引っ張る議員もいる。保育園の増設に慎重な議員や本心は反対という議員まで含めると、必ずしも議会対策が楽というわけではないのである。そうした中で、安倍さんが時限を区切って待機児童を解消するという具体的な旗を掲げたことによって、少なくとも自民党には反対する大義名分はなく、行政としては本当に助けられた。もっとも、水面下では、財政的に負担が大きくなるから、保育料の値上げを要求して足を引っ張ってきた議員もいたにはいたが、私は「待機児童の解消が先決だ。解消の目途が立たないのに、値上げを論ずるのは本末転倒」との立場を貫いた。

それにしても、今から振り返ると、保育の問題にはずっと、「呪縛」がかかっていたように思うことがある。石原慎太郎知事の時代、都市部では「認可」の保育園は基準が厳しくて増設できないと言われていた。東京都が独自に「認証」の制度を創設したのもそれをクリアするためであり、私も都議会議員時代、その制度に賛成していた。

しかし私が区長に就任して分かったのは、各区は「認可」の基準が厳しくて増やせないのではなくて、そもそも保育所を増設する気がなかったということだった。杉並区などはその典型で、私の前任者は新規の施設をつくらせないという方針だった。そのこと自体、時代遅れの発想だと思うが、当時は区議会もその方針を是としていた。

どういうことかというと、各区は新規に保育所をつくると、他区から待機児童が流入してくると考えていたのである。保育を供給すればするほど、需要を呼び起こしてしまう。保育所を整備するには、区としてもそれなりの財源が必要になるから、近隣の区を見ながら進めないと損をする、という思い込みに縛られていたわけだ。

私も最初は「そういうものなのか」と納得していたが、区長就任後、そのことを裏付けるデータを持って来るように指示しても、一向に出てこない。それで、はたと気が付いた。これは全く根拠のない都市伝説だ、と。私は今まで、多くの保育園を新設してきて、そろそろつくり過ぎではないか、という地域も出ているぐらいなのだが、では保育園を増やせば増やすほど需要が増えているのかというと、それほど極端に変わっていないというのが現実である。

過去の「呪縛」に囚われて、そもそも基準が厳しいから都市部では認可保育所が増えないという東京都の説明も実は正しいわけではなく、そもそも自治体に作る気が無かったというのが真相だったように思う。だからこそ各区が受け皿を作らなければと思いつつ、後手に回り続けていたわけだ。

さて、認可保育所を増設してきて、待機児童ゼロを達成したわけだが、杉並区の少子化対策が完遂したわけではない。例えば保育所と言っても、保護者としては近くていいサービスを選択したいだろうし、特にJR中央線の駅周辺の園は人気が高くて、立地による需要の差が出ているのが実情だ。子どもを産みたいと思っても、預けられる所がなければ出産を躊躇してしまうし、それでは少子化対策にならない。園の運営事業者としては定員をフルで埋めた方が経営的にいいかもしれないが、行政としては9割程度でいいと腹を括っていないと、実質的な少子化対策の域には到達しない。また、保育所によっては定員に余剰が出ているからと言って、ここを閉鎖してしまうと待機児童が増えた時に対応できないから、乳幼児を対象とした子育てサービスを提供するなど、別の企画を考えてもいい。あるいは障害児保育のためのスペースとして活用するなど、新しい分野を開拓して行くことが求められるし、そういう取り組みに対して行政側も財政的にサポートしなければ成り立たない。いずれにしても空いたスペースを放ったらかしのままでおくのは無策だと思うし、事業者が撤退しては元も子もない。行政としても痒いところに手が行き届くサービスを支援してもらいたい。

◉少子化対策の核心は何か

もう一つ、少子化対策ということでみると昨今の議論は右から左まで「バラマキ」が躍っている印象を強く持つ。

東京都が子ども一人当たり5千円を各世帯に支給するとか、国の児童手当を巡り所得制限撤廃の賛否両論もあるが、どちらにせよ私にはそれが、少子化対策の核心だとは思えない。

少子化対策とは、換言するとどうすれば合計特殊出生率を上昇させることが出来るのかということだろう。私は、20代で第一子を産む人が増えれば自然にそうなっていくのではないかと思う。

現在、女性の初婚の平均年齢は既に30歳を越えている。第一子出産平均年齢は31歳を越えている。

若くして結婚したいと思ってもそれが叶わぬ理由は何か。若くして出産したいと思ってもそれが叶わぬ理由は何か。私は相手の男性も含めた経済的な理由が一番大きいのだと思う。

つまり有り体に言えば、若い時に子どもを産んだ方が得だ、楽だ、幸せだ、豊かだと若い人たちが実感出来る社会環境をあらゆる角度から整えていったらどうだろう。

年功序列の賃金体系を考え直すことも必要かもしれない。児童手当や東京都の5千円支給という施策は、その効果を検証しづらい。むしろ岸田文雄首相が「異次元」の対策の一つとして打ち出した出産一時金の増額に合わせて自治体が独自に、年齢の若い人ほど上乗せしていくというのはどうだろう。

様々なデータを研究して、若い人たちが若いうちに子どもを産み育てたいと積極的に行動したくなる環境整備が大切だと思う。

◉児童館の機能はなくならない

保育所の整備と共に、大きな批判に遭ったのが、児童館の問題である。

杉並区は児童館を再編し、子育て機能を別の施設に移す計画を立てていたが、これに対して共産党などは「児童館を廃止して子どもの居場所を奪っている」と主張した。

杉並区では元々、1970年代から児童館を設置し、小学校区内に一つずつ児童館を設置してきた。児童館というのはそもそも、児童福祉法で規定する「児童厚生施設」の一つで、主に小学生たちが放課後に行くことが多かった。逆に言うと午前の利用が少なかったから、有効活用するために乳幼児の親子向けの「ゆうキッズ」という事業を始め、それがヒットして定着したのだ。

一方、児童館は法律上、中高生も積極的に受け入れなくてはならない施設なのだが、その利用実績と言えば、各館平均して1日2人程度というのが実情である。施設が老朽化してきたこともあったし、学童クラブの大幅な需要増など行政的なコストパフォーマンスを考えるともう少し、施設の有効活用を考える必要が出てきていた。

そのため、杉並区はこれまで児童館が担っていた機能をニーズに合わせ、各機能の拡充を図ることにした。具体的には、児童館の限られたスペースで運営してきた「学童クラブ」をもっと広い場所、例えば小学校に移したり、妊娠期から乳幼児の親子が気軽に立ち寄って子育ての悩みなどを相談できる「子育てプラザ」をつくってはどうか、と考えたのである。ただし、児童館は法定の施設であるから、行政の手続きとして「児童館」を廃止するための条例改正が必要になる。実際的には児童館の機能は残るのに、これを「廃止」と捉えて批判してきたのである。

こうした児童館の改革は、何も杉並区に限った話ではない。どこの区でも施設の有効利用を考えると、同じような悩みを抱えていて、隣の中野区でも令和3（2021）年、児童館の廃止条例を提出している。

興味深いのは、同じ共産党であるのに、中野区ではこの条例案に賛成したのである。共産党は中野区長を支持する立場にあるからだろう。同じ内容であるのに、政治的なポジションから結論が異なるというのは、政争の具にしているだけではないか。

◉カネ出して口出さず

私が区長に就任した平成22（2010）年、教育行政は極めて荒んでいた。

杉並区では平成18（2006）年から使用する教科書について、先の大戦に肯定的な「新しい歴史教科書をつくる会」の歴史教科書を採択した。これは当時の山田宏区長が教育現場に介入し、自身の考えに沿った教科書を使うよう押し付けたとも言われていたが、「つくる会」の教科書を採択する動きに対し、左翼系の団体などが強く抗議し、教育委員会はその板挟みとなって負担がピークに達していたのである。「つくる会」の教科書を支持していなかった教育長が更迭され、教育委員の欠員も生じていた。私が都議会議員の時代には、民主党内にも強硬に自分の主義主張を教育に反映させようとする議員がいたが、杉並区長に就任してみると、まさにそういう状況を目の当たりにしたのである。

誤解ないように断っておくが、「歴史はどうでもいい」と言いたいわけではない。私はむしろ、歴史が複合的で面白いものだということを教える必要があると思っている。歴史教育、こと近代史においては何かとイデオロギー的に対立しがちだが、それぞれの歴史観を否定して「これが歴史だ」と押し付けるのではなくて、立場が違えば色々な見方があり得るということを知ってもらうことが大切だと考えている。右派だろうが左派だろうが、一方的に「これが歴史だ」と押し付けるようでは、戦前とやっていることが変わらない。歴史の深みや面白さを教えて、興味を持って自分で色々な話を聞いたり読んだり見たりしたくなるように導くことが大事なのではないだろうか。

私は教育に対し、「カネ出して口出さず」という方針を徹底してきたが、そのことが結果的に歴史教科書問題を鎮静化させ、教育現場を「正常化」することができたのであれば、もしかしたら隠れた功績と言えるのかもしれない、とささやかに自負している。

学校教育では、児童・生徒のスポーツ環境を広げる取り組みにも尽力した。東京五輪・パラリンピックは結果的に無観客となり、レガシーに乏しい大会となってしまったが、スポーツ振興の機運は醸成されたはずで、杉並区としてもこのタイミングを子どものスポーツ教育に生かしたかったのである。

子どもたちがスポーツに打ち込めるようにするためには、安定した練習拠点がないと机上の空論になってしまう。住宅都市である杉並区にとって、最も身近なスポーツ施設というのは何かというと、区立小・中学校の運動場や体育館で、これを有効活用できないかと考えていた。

しかし、ハードルがあった。区長部局と教育委員会というのはそれぞれ独立した関係にあり、学校の校庭や体育館は区長ではなく教育委員会、もっと言うと各学校長の管理下にある。学校を運営する以上、当然なのだが、それではせっかくの施設の活用が学校内にとどまり、地域で広域的に活用するという発想に乏しくなってしまう。学校長の裁量で校庭や体育館を一般に「開放」することもできるのだが、地域によっては同じグループが使い続けて「既得権益」が生じたり、外部に排他的になったりする傾向もあるようだ。そうではなくて、学校施設をもう少しオープンに開放できないか、更に言えば、生徒のスポーツの受け皿を「部活動」から進化させて、もう少し広域的な「地域スポーツクラブ」の創設につなげていけないかと考えたのである。

そこで私は、学校の運営と時間外の施設利用を切り離し、学校の授業が終われば施設の管理を教育委員会から区長部局に任せるように舵を切ることにした。杉並区には小・中学校で60以上の学校があるから、一度に切り替えるのは難しい。そこで2022（令和4）年度、一部の学校で実証実験を始めた。モデル校になったのは、小中一貫校の「高円寺学園」。杉並区で初めて校庭に人工芝を導入し、体育館などの学校施設の予約状況をオンラインで確認でき、教育活動で使われていない時間帯は一般でも利用できるようにした。

併せて民間事業者とスポーツ教育の契約を結び、外部の支援員が部活動を指導。日々の業務に忙殺される教員の負担軽減にもつなげている。負担軽減とはいっても、指導はスポーツ指導に実績を持つ民間事業者が担当しており、部活動としてのレベルはアップしているはずである。

また、区役所では「スポーツ振興課」を教育委員会から区長部局の区民生活部に移管し、地域で一体的にスポーツ教育を推進する体制を整えた。高円寺学園のモデル事業が軌道に乗れば、全域でこの取り組みを展開してもいいはずだ。これからの子どものスポーツ教育は、学校という狭い世界の中でとどめるのではなく、地域全体で取り組むことが大切になるだろう。

もう一つ、私の代で始めた教育政策として、今も好評を博している「次世代育成基金」を紹介したい。次代を担う子どもたちが、自然・文化・スポーツなどさまざまな分野における体験・交流事業への参加を通して視野を広げ、将来の夢に向かって健やかに成長できるよう支援するための独自の取り組みである。

この基金を作るきっかけになったのは、実は山田宏区長の時代にできた「減税基金構想」である。

減税基金は毎年度、一般会計予算の1割程度を積み立てて国債などで運用し、それを原資に住民税を減らすというのがコンセプトだった。しかし、自治体経営というのはそもそも、どのような社会を目指すのかという住民合意の下で、応分の負担として税金をお願いするものだと考えている。最初から減税ありきで自治体を経営するのは本末転倒だと考えていた。分かりやすく言えば、治安が悪くても税金が安い方がいいのか、治安を良くするためには税金がかかって当然と考えるのか。保育園や特別養護老人ホームに入れなくても税負担が軽い方がいいのか、あるいは住民が必要な福祉サービスを受けるために相当の税負担はやむを得ないと考えるのか、ということである。

では、どうして杉並区に「減税基金」というアイデアが持ち上がったのか。当時、山田さんは「減税基金構想」と「教育基本条例」の実現に注力していたようだった。彼は松下政経塾出身で、松下幸之助の「無税国家構想」の自治体版を、そして自身の「教育再生」に対する思いを実現しようと条例化を目指していたのである。ただ、この二つの政策に対しては当時、区議会の与党側にも懐疑的な声が上がっていた。併せて、庁内には「教育基本条例」が制定されたときのインパクト、子どもに対する影響の大きさを危惧する意見もあり、これ以上、教育現場に負荷をかけることは何としても避けたいという強い思いが幹部の中にあったようだ。できれば区長の精力を教育より減税の方に向けさせたいということだったように思う。

また、区長選で私を担いだ人たちが「減税構想の推進」を公約に入れるよう希望していたのだが、私の中ではこれはある種の「夢物語」だとも感じていて、当選後に検証が必要だと考えていたので、選挙公報では「恒久減税の推進」の前に「社会経済状況を勘案して」という前置きをして、どちらとも受け取れる曖昧な表現にトーンダウンさせていた。ただし、公開討論会などではっきりと課題や疑問を提起し、当選後の課題であると言及していたし、実際、私が区長に就任すると、前区政を支えていた幹部から、「減税基金を廃止する方向で考えてほしい」という意見があったのも事実である。そういった経緯を辿りながら私としてはせっかく基金を積み立てたのだから、その目的を見直して、何とか生かす方法はないかと考え、減税基金を廃止して子どもたちが健やかに逞しく成長できるよう、将来世代に還元できる「次世代育成基金」として進化させることにした。

この基金は今、子どもたちが学校の教室では学べないような学習機会を提供するための原資として使われている。例えば、世界遺産・小笠原諸島での体験交流事業では毎年、杉並区内の中学校の生徒を送っている。「環境リーダー」になる目標を持ちながら、自然体験を通じて環境保全を学んでもらっている。

小笠原諸島は同じ東京都内にあるが、南に約1千キロ離れた絶海の孤島だ。私自身、都議会議員時代、都議会民主党に「島嶼振興調査会」を立ち上げて、小笠原や伊豆七島を何度も視察し、政策に生かす活動に力を入れてきたが、実際に現地に足を運んでみると本当に自然豊かで、日常的な政治のいざこざなどどうでもよくなってしまうほどである。本土から船で片道24時間もかかるから、携帯電話で呼び戻されることもない。

私でさえ雄大な自然に囲まれると覚醒したような感覚になるのだから、もっと感受性が強くて敏感な子どもたちが小笠原を訪れたら、それはいい影響があるに違いないと思ったのだった。

最初、私の提案を聞いた区役所の幹部は「何ですか、それは……」とぽかんとしていたのだが、実際に小笠原を訪れた中学生の顔つきを見てほしい。最初は不安げだったのに、1週間で日焼けしてたくましい顔つきになって帰って来る、その成長ぶりに心打たれる思いだった。

次世代育成基金ではそのほかにも、杉並区が交流を深めている台湾の中学生との野球大会や、オーストラリアのウィロビー市に短期留学など、国際的な体験の場も提供していて、杉並区の教育にとって大きな成果となっている。

また、全小中学校にエアコンを整備したことも、子どもの教育環境の改善につながった。私の前任者は、エアコン導入に否定的だったが、今日の気候変動による猛暑は教育現場においては深刻な問題だった。私は区長就任直後、夏休み直前の小学校を視察して、この猛暑はまずいと直感し、すぐにエアコン導入の補正予算編成を指示。普通教室から始めて特別教室、そして最後は体育館にも導入した。子どもたちの教育環境の改善に資するとともに、春・夏・冬休み中の有効活用、そして補習授業を可能にし、体育館を一般のスポーツ施設として活用する可能性を開くことにもつながっている。障害者のスポーツ環境を広げることにも資するものだ。

教室へのエアコン導入の予算はざっくり言って1教室当たり300万円程度で、これは区単独で予算措置が可能な範囲だ。しかし体育館となると桁が一桁増えるので財政的には相当厳しくなる。

私は東京2020大会のレガシーとして何としても小・中学校の体育館へのエアコン導入を実現したいと考え、かねてから東京都の補助制度の必要性について特別区長会や都議会議員に働きかけていた。それが実ったのか、東京都が遂に補助制度を創設する方向で動き出してくれたのである。

この時、詳細な制度設計や現場の課題をクリアする上で、都議会議員の松葉多美子さんや東京電力出身で区議会議員の安斉昭さんが間に入り、並々ならぬご尽力を頂いたことにも付言しておきたい。東京都に補助制度創設を働き掛けてくれた松葉さんにはこの補助制度において、エアコンを購入する場合だけでなく、リースにも対応できる制度設計を後押しして頂いた。また、安斉さんには、エアコンの導入に当たって電力面での課題解決に奔走して頂いた。

特に後者については、小中学校の体育館でエアコンを設置するため、新たに電力供給を受けるための低圧線の引き込みがハードルになっていた。当時の電気事業法等では原則、1カ所につき、低圧線を1本しか引くことが認められておらず、各学校は「キュービクル」と呼ばれる高圧受電設備を介して変圧・配電するしかないのだが、学校によってはその装置の容量が不足しており、多額の費用をかけた改修工事が必要になっていたからである。安斉さんが関係する国会議員などに働き掛けて頂いたことが功を奏して、杉並区は平成30（2018）年12月から約2年間にわたって、経済産業省、資源エネルギー庁や東京電力と粘り強く要請・交渉。その結果、令和3（2021）年4月に電気事業法施行規則が改正され、災害時に避難場所となる学校の体育館などに、新たに低圧線が引き込めるようになったのである。

「キュービクル」の改修工事に必要な経費は1校当たり約4千万円。これに対し、低圧線の引き込み工事は約300万円で済む。杉並区だけで「キュービクル」の容量不足でエアコンが設置できない学校は10校あったから、コスト削減効果は計約3億7千万円にも上る。決して目立たない地方議員の仕事ではあるが、区長と議会の「車の両輪」の力で取り組み、経費節約の効果を生んだ成功事例と言えるのではないだろうか。特に、電気事業法施行規則の改正は杉並区のみならず、全国に効果が波及するものであり、まさに杉並から国を変えた事例と言っていい。有権者の皆さんには、このように一生懸命に仕事をして結果を出す議員は評価してもらいたいものだ。

一方で、山田元区長の仕事を全て否定するわけではない。山田区政の取り組みの中でも積極的に評価したいのが、日本フィルハーモニー交響楽団（日本フィル）との友好提携である。

杉並区は平成6（1994）年、音楽を通した区民の豊かな交流と地域文化の振興に向けて、日本フィルと相互協力に関する覚書を交わした。杉並区には元々、開設当初、音響設備が東洋一と評された「杉並公会堂」という優れたコンサートホールがあるのだが、公会堂のリニューアルに当たって、日本フィルの練習拠点としての関係を結んだのである。私の代でも日本フィルを一層、支援したいと考え、今では成人式や敬老会など、区の様々な行事で日本フィルに来てもらい、演奏してもらっている。日本フィルも私たちの期待に応えるべく、交流自治体である福島県南相馬市を含めた3・11の被災地支援コンサートなど、公共性の高い事業に積極的に取り組んでもらっている。

その上で私が考えていたのは、楽団としてのレベルアップだった。国内には東京都交響楽団やNHK交響楽団など色々な交響楽団があるが、日本フィルはそれらと比べても楽団員の収入が低い。それでは高い技術を持つ演奏者が他の楽団に移ってしまう。だから楽団として「所得倍増計画」のようなものを作って、楽団を成長させてほしい、とお願いしてきた。区としても、そのために様々な演奏の機会を提供している。

全国の交響楽団はコロナ禍でコンサートを開くことができず、ダメージを受けたが、日本フィルもその例外ではない。杉並区としては日本フィルがいることがアイデンティティーであるとし、誰が区長であろうとも、積極的に支援してもらいたい。

◉給食費の無償化は何のため?

今、特別区の一部で「給食費無償化」の動きがある。葛飾区や品川区は令和5(2023)年度から、区立小・中学校の学校給食の費用を全額補助し、保護者の負担はゼロにするという。原資はもちろん、都民・区民の税金である。本当によいのだろうか? 議論を深めないでサービス合戦のようなことをしたら将来に禍根を残すのではないかと危惧している。

給食費がかからないという意味では、確かに保護者の負担軽減になり、歓迎する向きもあるだろう。しかし、そんな単純な話ではない。仮に杉並区でやろうとすれば、17億円前後の財源が必要になると聞いている。様々な課題がある中で、真に優先順位が高い課題なのか疑問だ。

そもそも給食を「義務教育」として捉えるのであれば、財源は国費に求めるべきだ。教科書もその理屈で国が負担している。確かに子育て政策は重要だし、教育費が家計の負担になっているのも現実問題として分かる。教育費を負担軽減する政策には、塾代、副教材、移動教室、修学旅行等の助成など、義務教育無償化の理念を尊重しつつ、その補完的な取り組みとして自治体が積極的に取り組む意義はあると思う。しかし、給食費の無償化は区の負担額の大きさから言っても、23区として意見集約して都・国に働き掛けるなら分かるが、区が単独で議論を深めずに先行するというのはいかがなものか。統一地方選への影響も大きいと思う。左派の選挙ポスターで「無償化!」とバラマキを宣言する公約が目に浮かぶ。

確かに財政規模から考えればできないことはないが、乱暴すぎる。都内で給食費の無償化を導入しているところは、奥多摩町や離島などごく一部だ。自治体の規模が小さいから費用も限定的だし、過疎化対策の一環でもあるだろう。

また、「東京富裕論」にも拍車をかける。ただでさえ、国は「東京都はお金を持っている」と認識しており、23区が「国に先駆けて」と給食費の無償化を約束し始めたら、いずれ倍返しで税源収奪の口実を国に与えかねない。これまで散々、法人住民税の一部国税化などで辛酸をなめてきたのである。

税金の使途としてアンバランスということもある。例えば、杉並区では中学生の約4割が私立学校等の生徒だ。その家庭が納めている税金が公立中学校の給食無償化に使われることになるのに、私立等の生徒には恩恵がない。

また、低所得者層に対しては既に無償化が実施されていて、杉並区で言えば小学校1割弱、中学校2割弱が「就学援助」という形で免除されている。しかし今、論点になっているのは、給食費を支払う能力が十分ある家庭に対しても無償化するということ。何の目的があるのか？　少なくとも貧困対策ではないはずだ。

そもそも、各区の教育委員会が要望している政策なのだろうか。私は教育に対しては「金出して口出さず」を通してきたし、杉並区教委は給食無償化を求めたことは一度もなかった。むしろ無償化に反対していたぐらいだ。それを大した議論もなしに進めるとすれば、教育行政への介入ではないか。ストレートに言わせて頂ければ、首長が人気取りのために教育を道具にしていることになりかねない。厳に慎むべきだ。

東京には23区長でつくる「特別区長会」という組織があるが、給食費の無償化のように、23区全体に関わる問題こそ区長会で議論すべきだ。23区では各学校で給食を作り、アレルギー対応もやっている。全国的に見れば、高水準のサービスを提供している。経済変動による値上げ対策は理解するが、無償化はあまりにも安易なバラマキではないかと思う。

現状、区長会には残念ながら、事務的な「報告」が多過ぎて、それを聞くためだけに出席している感じもする。23区のトップが集まる貴重な会合なのだから、報告は事務方で受けて、区長同士が話し合う論点を整理してもらいたい。給食費の無償化以外にも、東京の将来ビジョンなどの中長期的な課題は多い。東京都と特別区の「都区制度」ももちろんだが、地方分権という大きなテーマで、区長が議論する時間を大切にする必要があるのではないか。

◉道路は不要？　住民のエゴ

「対話を重視する」——令和4（2022）年の杉並区長選で、岸本聡子さんはこう訴えてきたが、そこには大きな矛盾も感じる。

その典型が、道路の拡幅だ。岸本さんは道路の整備に慎重な立場を取りつつ、自転車が活躍できるまちづくりを進めたいとしている。しかし、本人もその態度が間違いであることを薄々、勘づいているのではないだろうか。

と言うのも、自転車が活躍できるようにするためには、道路に自転車専用レーンが必要だからである。今、杉並区には自転車の専用レーンは一つしかない。「放射5号線」と呼ばれる東京都の都市計画道路（高井戸）である。首都高速道路新宿線の下に、自転車レーンを分離する形で敷いている。幹線道路は本来、環境を破壊するという理由で反対に遭いやすいものだが、この道路に限って言えば、国史跡・玉川上水の保全や周辺の住環境等に配慮して、逆に幅員を50メートルから60メートルに広げたという、発想の転換で実現した道路である。

道路というのは、余裕ある道幅を取って初めて、その中に車道とは別に緩衝帯や自転車専用レーンを配置することができる。もちろん歩道も、広い幅を取った方が車椅子やベビーカーが通りやすい。つまり道路全体の幅員を広くした方が環境にも配慮した道にできるという考え方に立っているのだ。

地方自治の世界に生きている限りはちゃんと自分の目と肌で感じて、勉強することで、歴史的な道路の事情が分かるというものだ。もし仮に、道路の拡幅にこだわらないというのであれば、自転車は危なっかしくて走行できないのではないだろうか。

しかも、今から十年も経つと、高齢者の数が今よりもグッと増え、電動車椅子と共に外出する人が増えることは確実だ。そうすると車椅子の使用者ほか、身体の不自由な人が歩道を往来するときに狭いこと自体、危ないことこの上ない。歩道を広げるためにも、都市計画道路や補助道路の幅員はきちんと確保する必要がある。

杉並区には、環状7号線、8号線といった幹線道路が南北に走っている。昭和39（1964）年東京オリンピックは、首都高速道路が開通するきっかけになったが、環7や環8も、その頃の遺産だ。東京都では当時、人口が急増しており、都市が膨張する中で、物流や人の流れをいかにさばくかは難題だったから、どうしても道路建設が急がれたのである。環7や環8の拡幅整備でも当然、反対運動はあった。

しかし、考えてみてほしい。環7や環8は、誰しも一度くらいは使ったことがあるのではないか。自動車の運転をするのであれば、いやそうでなくてもタクシーで通ることがあるかもしれない。あれだけの交通量でありながら、いかに歩道が貧弱であるか。沿道の商店街などは必然的に消えてしまうのだ。

杉並区長選の期間中、私が西荻窪駅前で演説していると、若い女性がものすごい剣幕で食ってかかってきたことがあった。

「半世紀前に作られた（道路）計画なのに、どうして今、それを動かそうとするのか」

逆なのである。都市計画というのは50年先、100年先を見据えてつくるものなのだ。50年前の計画だから動かしてはならないという理屈になると、長期計画が成り立たなくなってしまう。

都市計画道路や都市計画公園というのは長期的・広域的な視点に立って、「面」として整備していこうというものだ。一度にできないから、少しずつ少しずつ、時間をかけてやっていくのである。そういった理解を欠いたまま、単純に「道路整備は中止すべきだ」というのだから、たまったものではない。

「あなたも、道路の恩恵を受けているでしょう」

「私は、この道路は必要ないと思います」

「あなたは必要ないって感じるかもしれないけれど、環状7号線と環状8号線を使うでしょう」

「私は使いません」

彼女は意地になって反論していたが、それは誤りだと思う。本人が環状7、8号線を使わなかったとしても、誰でもコンビニ弁当や自動販売機の飲料を買うことがあるはずだ。その物流をど

道路整備方針図

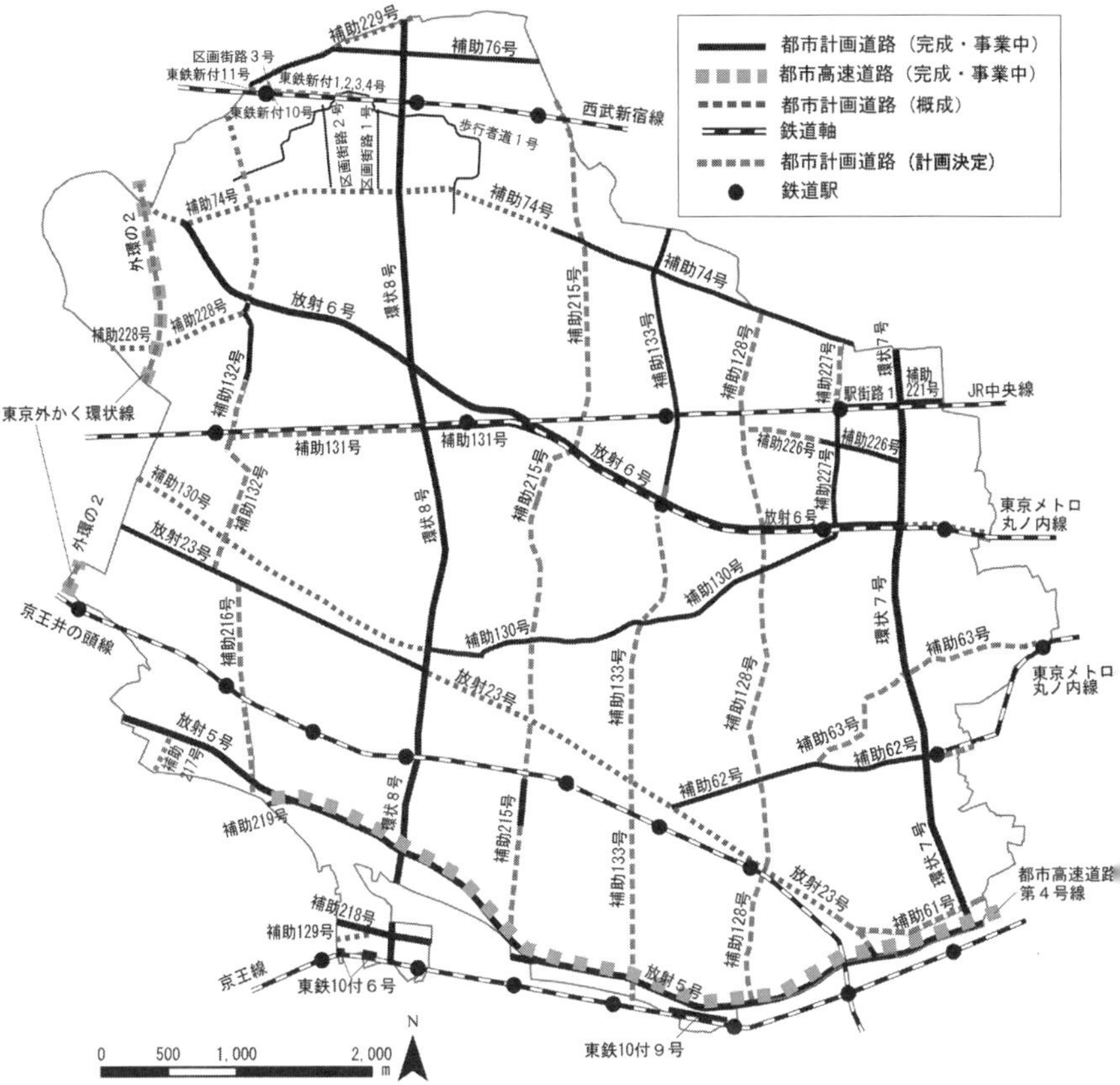

補助76号 ＝ 新青梅街道　　補助130号 ＝ 五日市街道
補助74号 ＝ 早稲田通り　　放射23号 ＝ 井の頭通り
放射6号 ＝ 青梅街道　　放射5号 ＝ 甲州街道

※「放射５号線」は、杉並区内では一部が甲州街道となる。上北沢駅入口第二の交差点で補助218号と分離するため、それより西側は甲州街道が補助218号線となり、放射５号線とは別になる。

うやって確保しているかと言えば、そういった幹線道路なのである。

要するに、都市では身の回りのことだけでなくても、私たちは生活の色々な場面で都市インフラにお世話になっているわけで、逆に言えば環7、環8のような道路の近隣に住む人たちには、何十年にわたたって負荷をかけ続けているのである。都市で生きている限り、皆で負担を分かち合って行きましょうということが大事なので、「自分は道路を使わないから要らない」というのは、住民のエゴそのものである。

「負担を分かち合うのは嫌です」と言う人がいるのであれば、その人は都市生活の恩恵が環7や環8の沿道の住民の犠牲の上に成り立っていることに思いを馳せるといい。彼らは歴史的に生活上の負荷を背負ってきたのだから。そうしたことを理解できなければ、都市政策を論ずる資格はない。

更に説明を加えると、杉並区内の道路に関する重要課題の一つは、東西間に比べて南北間の道路が脆弱であるということだ。東西間には北から新青梅街道、早稲田通り、青梅街道、五日市街道、井の頭通り、甲州街道が区内を貫通しているのに対し、南北間では環7と環8しかないのである。南北間の都市計画道路こそ、「負担を分かち合う」ために必要なのは明らかだ。

岸本さんが区長としてやっていることは、道路整備の必要性についての自分の考え方を曖昧にして、それをただ「住民との対話を重視する」にすり替えて、対話集会を重ねているに過ぎない。杉並区はこれまで事業認可を取得した路線沿道の土地収用を粘り強く進めてきたが、岸本区政では住民から申し出があった場合にのみ対応し、区役所からは動くなと指示していると聞いている。これでは区長として不作為であり、責任を回避していると言わざるを得ない。

そもそも都市計画道路の優先整備路線は東京都と区が協議した上で決定される。都区の意見が完全に一致しているとは限らないが、概ね了解したものと言っていい。もし岸本さんに異論があるのなら、各路線の「必要性の有無」について自分の定見を明らかにすべきだ。その上で必要性がある路線については粛々と進めていけばいいし、必要性がない路線があればその理由を説明し、計画をどう取り扱うか、自分の考え方を示すべきだと思う。区の行政を預かる最高責任者としての考えを示さずに「対話」と言っても、区役所としては一体、何を目指しているのかが分からない。単に時間を浪費して、現場職員に自分の選挙公約の間違いをごまかす作業を強いるのではなくて、これまで役所として積み上げてきた仕事なのだから粘り強く土地交渉を行う職員と組織を区長としてバックアップしていくことが政治家としての責務ではないだろうか。

都市計画の父と称される後藤新平の次の言葉を紹介したい。

「都市は四つの敵と闘わなければならない。すなわち疫病、無知、貧困、無慈悲である。その敵のうち、最も害をもたらすものが無知であるということは、今回の震災（関東大震災）において明瞭なこととなった。なぜなら復興計画を進めていく上で、都市計画に対する無知と闘うことが、最も困難であったからだ」

第6章

田中流交渉術

◉保養地型の特養――エクレシア南伊豆

日本は既に超高齢社会に突入している。従って特別養護老人ホームのニーズは拡大が見込まれる。特に杉並区では区長就任当時、入所待機者は約1900人に上り、このうち介護の必要性が高い「要介護3～5」は約1千人に上っていた。施設の新設や増床などで、230床を増やす目途はついていたが、到底、足りない。

そこで介護保険制度による規制の打破にもチャレンジした。杉並区外の保養地に特別養護老人ホームを建設する構想である。

一般的に特別養護老人ホームは、定員80人程度が採算ラインだと言われている。杉並区は23区の中でも最も住宅系の土地が多い典型的な「住宅都市」だが、そういう土地柄で定員80人規模の施設を造るには3千～4千平方メートル程度の用地が必要となる。杉並区内の土地は決して安くないので、施設建設費の相当分が土地代に消えてしまう。福祉施設は本来、そこで勤務する職員やサービスを受ける入所者の「人」にお金が使われるべきではないのか。そんな素朴な疑問から着想を得たのが、「保養地型特養」だった。介護保険は区の制度で賄い、建設地域に財政的な負担を求めることもない。むしろ、地元に雇用や経済効果を生み出すメリットもある。

特別養護老人ホーム「エクレシア南伊豆」が平成30（2018）年3月、静岡県の南伊豆町にオープンした。もちろん、杉並区の高齢者に入ってもらうことを想定している。自治体間連携で特別養護老人ホームを整備するというのは、全国で初めての試みだ（エクレシアとは、「人々の自由意志により集うこと」という意味のギリシャ語である）。

南伊豆町は元々、杉並区の「健康学園」が開設された場所である。杉並区はかつて光化学スモッグ発祥の地であり、その被害で喘息の子どもが多く出た時代があった。そこで区立小学校に在籍する病虚弱児童を対象に「南伊豆養護学園」（後に「南伊豆健康学園」に改称）を開設。全寮制で、子どもが療養しながら、義務教育を受けられるようにしたわけだ。更に弓ヶ浜倶楽部という宿泊施設も建設し、区立小学校の移動教室や保養施設としての利用など、多くの区民が南伊豆町を訪れ、絆を深めてきた。そうした長年の交流が礎となり、「エクレシア南伊豆」の誕生につながったのである。

杉並区と南伊豆町の関係は、昭和55（1980）年に遡る。区が「弓ヶ浜学園」を開設し、長年にわたって区立小学校の移動教室を行ってきた。

今は光化学スモッグの被害も抑えられ、以前より喘息も少なくなったが、それでも「健康学園」をなかなか廃止できず、対象を肥満児や育児放棄に広げて存続していた。ただ、元々の成り立ちからすると、私の前任者の時代から、本当に必要性があるのかが疑問視されてきた。今やマラソンをやらせても南伊豆の子どもたちより速かったりするぐらいになっていたのだ。また、全寮制だから運営費も相当かかるし、教職員もこちらから出向くことになる。教育委員会としては所期の役目を終えたということで、そろそろ閉鎖してもよいのではと言う議論があったらしい。

ただ、地元からすると「健康学園」があるから杉並区との交流があったし、地元で作った農産物を学園に納めていたりしたから、経済的にメリットもあった。そこで、南伊豆から「交流に貢献する施設を作ってほしい」という要望があったのである。

健康学園を撤収した後、跡地をどう活用しようかと悩んでいたところ、杉並区は当時、保育園に入りたくても入れない待機児童と、特別養護老人ホームに入りたくても入れない待機高齢者の問題が大きな課題だった。

この二つの「待機」の解消は私の選挙公約でもあったから、保育園と特別養護老人ホームを整備していきたかったのだが、やはり都市部では予算が確保できても、事業用地がなかなか見つからないのである。

そんな折、南伊豆の健康学園跡地という杉並区の所有地に施設を造ることがあってもいいので

静岡県南伊豆町に整備した特別養護老人ホーム「エクレシア南伊豆」

はないかと着想し、これが「保養地型特養」のきっかけとなった。

ところが思いついたはいいが、障壁があった。特別養護老人ホームを新設する場合、都道府県知事の認可が必要で、県の計画にそのことを盛り込んでもらうか、計画外で例外的に認めてもらうしかない。

特別養護老人ホームの数は各都道府県の高齢者保健福祉計画で設定した圏域によってサービスの需給が調整されている。南伊豆町があるのは静岡県の「賀茂圏域」であり、この圏域内で高齢者の需要がどの程度あるのかを積み重ねて、知事が認可することになっている。だから杉並区がこの圏域に施設をつくるには静岡県知事の認可が必要なのだ。つまり静岡県には静岡県で高齢者サービスの需要があるのだろうが、南伊豆町に特別養護老人ホームを開設するためには、杉並区としては杉並区のニーズを静岡県の計画に反映してもらう必要があった。

そこを静岡県だけに絞って考えてしまうと、杉並区の高齢者は静岡県の需要ではないから計画に載せられない、ということになってしまう。そうなると、事実上、杉並区の施設としては作れないことになる。最初に静岡県と打ち合わせしたときは正にけんもほろろ、非常にネガティブな態度だった。

私は特別養護老人ホームについては、もう少し柔軟に自分が住んでいるところ以外でも整備する選択肢があってもいい、と考えていた。都民は元々、地方から出てきている人がほとんどだし、「東京都」と言うことにこだわる必要はないからだ。

事態を打開するきっかけになったのが、元首相の菅直人さんからの電話だった。首相を辞任した直後で、「少し時間に余裕ができたから、何か皆のお手伝いができれば」という。渡りに船だ。すぐに東京の課題をまとめて事務所に説明に行くことにした。

菅さんはかつて、厚生労働相を務め、介護保険制度を作った当事者だ。介護や高齢者施策には関心が強く、「やはり施設がないと駄目だ」「東京都内で用地を確保して施設を整備し続けるのは難しい」との課題を共有してもらうことができた。

静岡県南伊豆町の計画を説明すると、「面白いね」と興味を示してくれ、静岡県の川勝平太知事を紹介してくれることになった。川勝さんは中部電力の浜岡原子力発電所の稼働を止めた政治家でもあり、菅さんとはコミュニケーションがあったのだろう。その場で電話をつないでくれた。「南伊豆町で杉並区の施設の後利用で、特別養護老人ホームの建設を考えたい」と検討を求めたところ、川勝知事からは「調査してみる」との回答。同時に厚生労働省の幹部にも連絡を取ってくれ、説明に行く流れになった。幸先いいスタートだ。

厚労省はどうかというと、「法律的にできないことはないが、自治体間の約束、合意が前提である」（老健局長）という見解だったから、私は「静岡県との交渉にチャレンジしてみるし、失敗すれば私の責任で結構なので、国として意地悪をして邪魔しないでもらいたい」とだけ注文を付けておいた。


しばらくして菅さんから電話があった。「静岡県庁の担当者が説明に来る」という。直感的に特別養護老人ホームの件を断りに来るんだなと思い、同席させてもらうことにした。

衆院議員会館の菅さんの事務所に集まったところ、案の定、静岡県側は「こういうことはできません」と切り出した。

すかさず反論する。

「できないとは、どういうことでしょうか？　法律違反ではないはずですが」

すると、静岡県側は「いや、法律違反になります」と言う。

こちら側はあらかじめ、厚生労働省に法律違反には当たらないとの言質を取った上でボールを投げているのだ。「誰が法律違反と言っているのでしょうか？　国にも（法律違反でないと）確認しています。厚生労働省が二枚舌を使っているというんですか」と食い下がる。

菅さんはただ黙って、メモを取っているだけだったが、結局、もう一度、きちんと持ち帰ってよく検討するように求め、会はお開きとなった。

その後、どうなったか。

結果的には圏域を超えた特別養護老人ホームの整備は、民主党最後の野田佳彦政権の「日本再生戦略」の中でモデル事業として組み込まれたのである。これは私たちの取り組みを好意的に評価して頂いた長谷川閑史経済同友会代表幹事（当時）のバックアップや厚生労働省の「都市部の高齢化対策に関する検討会」（座長＝大森彌・東京大学名誉教授）からも地域コミュニティや自治体間のつながりが強い場合の事例として評価を頂いており、厚労省は恐らく、これを目玉事業にしようとして、静岡県に根回ししたのではないだろうか。ほどなくして静岡県は担当者を交代させ、プロジェクトに積極的に協力する姿勢に転じていた。何にせよ、これで「エクレシア南伊豆」の建設に目途がついたのだった。ただ、一度、些細なことで「身内」からケチをつけられることがあった。

野田政権が倒れ、安倍政権下で田村憲久厚生労働相の時である。民主党の山井和則衆院議員が国会での質疑で、「何でこんな姥捨て山みたいなものを作るんだ」と食ってかかったことがあった。

そもそも強制的に入らせるわけではないのだから「姥捨て山」とは的外れな指摘だし、民主党政権下でモデル事業に選定された政策である。なぜこれを民主党の衆院議員が問題視するのか？　政権交代した途端、攻撃するとはどういうことなのか？　と当時の民主党に抗議したところ、山井議員が区役所まで陳謝しに飛んで来た。中身を大して調べることもせず、「自民党憎し」で何でもかんでも否定・批判するという体質には正直、呆れてしまう。

もう一つのハードルは、介護保険制度だった。杉並区がつくった特別養護老人ホームのおかげで、南伊豆町の財政を圧迫するわけにはいかないから、私は最初から必要なコストは全額、杉並区で負担するつもりでいた。区民の負担は区政が背負うという考え方だ。介護保険制度では原則、特別養護老人ホームなどの入所者が住んでいる自治体が保険を負担することになっているが、入所者が住所を施設の所在地に移した場合、住所変更前の区市町村を保険者とする「住所地特例」があり、これを適用しようと考えていたのである。

ところが、当時は法律上、入所者が75歳になって後期高齢者医療制度に移行すると、この特例が切られてしまうようになっていた。そこで静岡県や南伊豆町と共に法改正を訴え、「住所地特例」の引き継ぎにも道筋を付けることができた。これにより地元にコストを負担させることなく、むしろ関連する消費の拡大を合わせて年間2億～3億円程度の経済効果を南伊豆に還元できるのではないだろうか。結果的に「エクレシア南伊豆」を作った場所というのは、健康学園跡地ではなく、南伊豆町が用意した土地だ。学園跡地は南海トラフ地震で津波が発生すると、5～6メートルは浸水してしまう被害想定になっていて、危ないから内陸部に南伊豆町が土地を拠出してくれ、そこに整備することになったのである。実に風光明媚で、多少、要介護度が低くても、静養しながら生活を楽しめるようにできれば、というイメージも当初は持っていたが、基本的には介護が必要な高齢者のための施設になった。

私たちの予想を超えた利用もあった。南伊豆町がある「賀茂圏域」では当時、需要数が20～30

人程度しかないと見られていたが、施設ができた途端、瞬く間に50人程度も施設に入ることになったのである。潜在的な需要を掘り起こしたのだ。

入所者の割合は、杉並区と静岡県南伊豆町で大体、半々ぐらいの想定だったが、南伊豆の需要が想定以上に高く、地元の高齢者が先に多く入所するようになった。特別養護老人ホームというのは、80床ぐらいのベッド数だと経営も安定的だが、南伊豆町の待機者は20～30人程度（当時）とされていたから、単独では財政的に特養建設は厳しかったと思われる。しかし、杉並区と共同運営することで、そうした人たちを地元でケアできる体制が整ったのであり、南伊豆町の福祉の向上にもつながったと考えている。

特別養護老人ホームは普通、開設すると最初は「試運転」のような形で入所者を抑え、徐々に入れていく形を取る。しかし、「エクレシア南伊豆」は南伊豆町の高齢者がどんどん入ってきて、あっという間にフル稼働になってしまった。恐らく最新の施設で、クオリティーの高さを評価してもらえたことで需要を掘り起こしたのだと思う。

特別養護老人ホームを東京都内に整備しようとすると、事業用地を確保するのに莫大なお金がかかる。しかし、本来はサービスにお金をかけるべきで土地代にお金が消えてしまうのはナンセンスだ。税金を無駄にするわけにはいかないし、サービスにもっとお金を回す施設が選択肢としてあってもいい。

今は、杉並区の特別養護老人ホームの待機者は解消しているはずだ。エクレシア南伊豆はそういう理念で作った施設であることを忘れないで、必要に応じてテコ入れをしていくことが、高齢者サービスの向上につながるのだと思う。

特別養護老人ホームや保育所を整備する上で常に直面するのが、都市部の土地不足という問題だ。3千平方メートルもの土地は街の不動産屋で売っているものではない。だから、土地を作り出すという仕事には骨が折れた。

取り組みの一つに、財務省との土地交換があった。区内に特別養護老人ホームを建設するため、区が持っていたJR荻窪駅前の土地・施設と、財務省が持っていた荻窪税務署とそれに隣接する国家公務員宿舎の土地を交換して、まとまった区有地をつくることにしたのである。

杉並区が出したのは、JR荻窪駅前にある「あんさんぶる荻窪」。約1700平方メートルの施設に消費者センターや杉並区社会福祉協議会などが入居していた複合施設だ。一方、財務省の土地は、荻窪駅から北に約700メートルの場所にある。立地は「あんさんぶる荻窪」の方がいいが、財務省の敷地は約6300平方メートル（小学校一つ分に相当）で、3倍以上の広さがあった。財務省の宿舎は昭和40年代に建設されたもので、建て替えが必要になっていたが、杉並区が時機を見計らって平成25（2013）年9月、交換を申し出た。「あんさんぶる荻窪」は元々、民間企業の社宅を譲り受けて建設したもので、土地を等価交換し、そこに財務省の税務署を移してもらうことで、大規模な特別養護老人ホームが作れる、と考えたわけだ。区議会の一部からは散々、「ゼネコンの利益にはなっても、区民にとっては税金の無駄遣い」などと的外れの批判を受けたが……。

杉並区では「施設再編整備計画」を作って、色々な施設を複合化したり、東京都や国の用地を利用したりして用地を確保していった。保育所や特別養護老人ホームを整備するのにも、土地が必要になるからだ。

共産党などは常々、施設再編整備計画を批判する。その一方で保育園の待機児童を解消しろ、特別養護老人ホームは必要だと言う。施設再編整備計画を否定しておいて具体的にどうやって保育園や特養を増やせるのか？　そこが彼らの無責任なところだ。何のために施設再編をやっているのかというと、今の行政需要に対して応えていくためであり、そのための事業用地を確保するためなのである。

杉並区では現在、切迫度の高い特養の待機者は、事実上、ゼロになった。これからの課題は、施設で介護職員が確保できなくて、例えば定員100人の施設でも70人までしか受け入れられないという人材不足対策である。10〜20年後には、現役世代の人口の減少率は今までよりも加速度的に高くなり、色々な業種で人材不足が起こるだろう。最初にそれが顕著になるのは、恐らく、こうした介護職の現場だろうと考えている。

近い将来、日本としては福祉のインフラ維持ができないのであれば、移民政策を真剣に考えないといけない。例えば、技能実習生は本国に帰って役に立つために日本で一定期間実習して技術を身に付けて国に帰ることが前提の制度だ。しかし技能実習に来た外国人の中には治安や生活環境から日本にそのまま滞在して就労を希望する人も少なくない。

ただ、ここで必要なのは、本格的な移民を日本は考えなければならない時期に来ているのではないか、ということだ。

特別養護老人ホームをせっかくつくっても、施設をフルに使えないようでは、結果的に待機者がまた増えてしまう。施設をフル活用できるように人材を確保できるか否かがこれからの大事な課題になっている。同じ仕事をしたら同一賃金だというのは今や常識的な原則だから、移民政策を取り入れた場合、日本で働く出稼ぎ労働者にとってしっかりとした労務環境を整えて、人材を担保して、受け入れるビジネスが出てくるのではないだろうか。

もう一つの課題は、報酬の問題だ。医療・福祉は公定価格でもあるから、それが改定されない限り、プラスアルファで賃金を乗せて人材を獲得しようとするとすれば、自治体が独自に加算するしかない。

介護のＩＣＴも進歩しているので、ロボットでできることはロボットにやらせるという選択肢もあるのだろうが、介護に人手がかかるのは事実だ。介護人材の質が良質でないと優れたサービスが提供できず、事故が起こる危険もある。そういう部分にこそお金がかかってくる。先述したように、特別区では一部に給食の無償化を推し進めようという動きがあるが、そんな財源の余裕が将来に渡ってあるのか。行政としては優先順位を真剣に考えなければいけない。

◉広域連携の地方創生――ミナミイズ温泉大学

「エクレシア南伊豆」の開設とも絡むが、南伊豆では地方創生に資する大きなプロジェクトも描いていた。杉並区と南伊豆町の友好的な関係もさることながら、健康学園が立地していた「弓ヶ浜」に大きな可能性を感じていたからである。弓なり状に弧を描いた白砂の海岸が美しく、観光振興を進める上ではこの上ない景勝地だった。

弓ヶ浜には健康学園跡地に隣接する形で、「湊病院」（旧海軍病院）の跡地があった。この病院はかつて、南伊豆町を含めた1市5町から成る一部事務組合が運営しており、病院が下田市に移転（現・下田メディカルセンター）したことで、広大な敷地に病院の廃屋が解体されないまま放置されていたのである。そこを活用できれば区有地と合わせて、広大なプロジェクト用地を確保できる。ちょうどその頃、政府は「地方創生」を打ち出していたから、私としても南伊豆町との縁とこの資源を生かして地方創生に資する事業を実現できないかと思い、平成28（2016）年、元総務相の増田寛也さんを区の「まち・ひと・しごと創生総合戦略」の担当顧問として招聘したのである。増田さんは東京一極集中の是正を訴え、地方移住の推進を提唱してきた。杉並区としても高齢化や人口減少を前に、地方創生における手腕に期待していた。

増田さんに顧問をお願いしたのは、地方創生に関する知見を生かすことはもとより、広域連携による地方創生という困難な事業を進める上で、国の支援を引き出したいという思惑もあった。当時、増田さんは都知事選に敗れた直後だったが、以前に「エクレシア南伊豆」に着目し、書籍の中で取り上げてくれていたこともあり、協力を打診して顧問を引き受けて頂いたのだった。

プロジェクトのキーワードになったのは生涯学習だ。題して、「ミナミイズ温泉大学」。大学と銘打ってはいるが、学校教育法上の教育機関ではなくて、多世代が教え合いながら、交流するイメージを比喩的に表現したものだ。具体的には、町全体をキャンパスに見立て、自然やジオパーク、温泉、健康など、それぞれに合った学びのプログラムを提供しながら、健康寿命を延ばすとともに、地域住民にも移住者にも魅力的なまちづくりを目指していた。

しかし、結果的にはこのプロジェクトは頓挫する。端的に理由を挙げれば、首長の交代だ。平成29（2017）年の南伊豆町長選では、現職の南伊豆町長が新人候補に敗れるという波乱が起きたのである。

杉並区としては、「遠隔地自治体間の広域連携は地方自治の進展、そして地方創生にとっても新たな切り口になる」との大森彌《わたる》東大名誉教授のご建言を背中に受けて取り組みを進めてきたが、実現には至らなかった。新人の首長が前職の肝煎りの政策を白紙に戻してしまうというのはよくあることだが、杉並区としては南伊豆町の発展を思って進めてきた取り組みだっただけに、政治的な要因でストップするというのは残念だったし、南伊豆町にとっても大きなチャンスを逃した出来事だったと思っている。

◉歴史的会議の舞台――荻外荘公園

ＪＲ荻窪駅南口から徒歩15分。閑静な住宅街にある「荻外荘」は、首相を三度務めた近衛文磨の邸宅だった建物である。昭和前期の政治の転換点となる重要な会議を数多く行ったことでも知られている。杉並区では「荻外荘」を公園として整備し直し、平成30（2018）年3月には日本政治史上、重要な場所として、国の史跡に指定された。

荻外荘はご存知の通り、近衛文麿が自決した屋敷である。杉並区が譲り受けるという話になる何年も前に、この屋敷を空撮し、その写真を杉並区の基本構想の表紙に使ったことがある。それほど区内でもシンボリックな緑が集積している場所だった。

この「荻外荘」を買い取ることになったのも、元を辿れば相続の問題だった。民間のデベロッパーが相談に来たらしい――そんな情報が区長の私に上がってきて、「これだけの緑が集積している歴史ある邸宅をマンションのような形で開発させたらもったいないのではないか」と思ったのが最初であった。

地域の住民にも打診すると、「これを残して欲しい」といった声が聞こえてくる。そうした要望をベースに、土地を所有していた近衛家と折衝し、譲り受けることになったのである。

内幕を明かすと、この邸宅に住んでいた民法上の相続人は、近衛文麿の次男・通隆さんだ。ただ、そこには複雑な事情があった。

現在の近衛家の当主は近衛忠煇さんという方で、細川護熙《もりひろ》元首相の弟だ。近衛文麿の次女の温《よし》子《こ》さんが、肥後熊本藩主・細川家の第17代当主の細川護貞さんに嫁いだ関係で、後に護貞さんは第二次近衛内閣で首相秘書官を務めている。彼には二人の子どもがいて、それが、長男の護熙さんと次男の護煇《もりてる》さんである。

近衛文麿には元々、長男・文隆さんがいた。優秀な上、ゴルフの腕も超一流。米国でアマチュアゴルフのチャンピオンにもなったというから、今で言えば松山英樹ぐらいの腕前はあったかもしれない。戦時中は陸軍に所属していたが、第二次世界大戦後、ソ連によって捕縛され、シベリアに抑留されてしまった。諸説あるが、政治的に対立していた東条英機が、近衛文麿の長男・文隆さんを徴兵し、大陸に送ったという説もある。

旧日本軍の捕虜たちは厳寒のシベリアに抑留、肉体労働などの役務に酷使され、戦後、昭和30（1955）年の日ソ国交回復を経て帰国の途に就いた。文隆さんからもその頃、「もうすぐ帰れます」と無事を知らせる手紙があったらしいが、結局、帰国は叶わなかった。ソ連は彼が一般の捕虜とは異なり、「プリンス近衛」の長男であると知っていただろうから、懐柔しながら日ソ外交に使いたかったのかもしれないが、彼はその要請を頑なに拒み、毒殺されたとも言われている。

そんな経緯があって、近衛文麿亡き後、細川家から養子に迎えた護煇さんが改名し、近衛忠煇さんとして当主になったというわけだ。忠煇さんの令夫人は三笠宮崇仁親王の王女で、昭和天皇の姪に当たる。近衛通隆さんには遺言書があって、忠煇さんの立ち会いの下に開いてみると、邸宅を「陽明文庫」に全部寄付する、ということだったそうである。

「陽明文庫」というのは、近衛家に伝わる古文書や古典籍、古美術品などを一括して保存・管理している公益財団法人・歴史資料館である。旧侯爵近衛家というのは元々、藤原鎌足を源流として天皇の側近だった「五摂家」の筆頭の家柄だから、そうした資料には事欠かない。近衛文麿が終戦末期、京都市右京区に蔵を立てて、収蔵している。

ただ、荻窪の住宅街にある邸宅がその財団に寄付されてもむしろ、管理が難しいのではないかと考え、私は自ら、近衛家側に「杉並区に譲って頂けませんか」と打診したのである。つまり杉並区が購入して、近衛家はその売却益を陽明文庫の維持管理に充ててもらえれば、双方にとって利益になるとも考えた。この時、陽明文庫側に私の真意を伝えて頂くために、元衆院議員の木内孝胤さんにご尽力頂いた。その後、軽井沢で近衛忠煇さんご夫妻とお話する機会を頂き、荻外荘をお譲り頂けるということで話がまとまった。近衛家の資料を管理する陽明文庫とは文化交流の協定も結んだのである。

歴史的に重要な施設を復元して整備する「荻外荘公園」の完成イメージ

ただし、近衛家の資料と言えば、歴史的にも貴重なものだ。国宝や重要文化財は、保存・展示する場所まで法律でかなり厳密に制約されている。耐火はもちろん、室温やセキュリティーも含めて厳格なルールがあり、どこでも展示できるものではないのだ。文化財の保存・展示は「博物館法」で定める水準がないと、外部に持ち出しできないからである。

杉並区にも区立郷土博物館があり、これまでに「杉並激動の昭和戦前史展」など、地元に縁がある近衛文麿らの企画展を開催してきた。幸い、区民にも好評で、ゆくゆくは近衛家との文化交流を更に発展させられれば、とも思っていた。

さて、近衛家との折衝に目途がついて、今度は復元整備である。これは、私の構想でもあったのだが、先にも述べた通り、あの邸宅では何度も日本史上、重要な会談が行われている。例えば、首相の東条英機や連合艦隊司令長官の山本五十六が来たりして、戦争するかどうするか、議論が行われていた歴史的に大事な場所なのである。

ただ、邸宅のうち、応接間など一部は豊島区巣鴨にある宗教法人・天理教東京総本部の敷地に移築され、研修所として使用されていることが分かった。

そこで、私は奈良県の天理教の本部を訪ね、「戻して頂けないか」という交渉もやった。数年にわたる話し合いの末、現在、応接間などの復元整備が始まっているのである。

交渉を始めたのは私が区長に就任して1期目のことだった。区役所の財政的な面を考えると、応接室などの復元を進める上では文化庁の補助金が欲しいが、平成28（2016）年の熊本地震で国重要文化財の熊本城が一部崩壊してしまい、文化予算がそちらにどんどん流れてしまったという悩みもあった。杉並区の独自財源を充てれば早く進められるのだが、区民の負担を少しでも軽くするため、我慢に我慢を重ねて国の特定財源を確保し、ようやく着工にこぎつけたのである。

荻外荘公園は令和6（2024）年に史跡公園として完成する運びとなるが、ここは「戦争か、和平か」という日本の重大な岐路を決めた舞台だったわけで、せっかくそうした場所を復元したのだから、区民にもできるだけそういう問題に関心を持ってもらうきっかけになるような見せ方ができれば、と思う。歴史を自分で考えるきっかけになる施設になれば嬉しい。

◉農業と福祉の融合――すぎのこ農園

農業と福祉を組み合わせられないか――区長在任中、都市農地を維持するためのチャレンジが全国初めての試みとして注目を集めた。令和3（2021）年4月、住宅街のど真ん中に全面開園した「すぎのこ農園」（杉並区井草）である。

農園の広さは約3200平方メートルで、障害者や高齢者がニンジンやナス、トマト、枝豆などを収穫している。杉並区は元々、この土地を地主さんから借りて「区民農園」として開放していたが、所有者の相続の問題が発生し、約13億円で購入したものだ。

都市農地は貴重である。私が学生の頃は、杉並区にも農園が多くあった。しかし当時はラッシュアワーで苦しむサラリーマンの住宅供給地になる土地だと位置付けられていたし、この時代に23区で農業なんかやったって仕方がない、という意見が大勢を占めていた。

ところが今はどうか。杉並区宅地の約8割が戸建住宅や共同住宅などの住宅用地であり、23区中、住宅地の比率が最も高い「住宅都市」であるが、都市農地はその付加価値を高める一つの要素になっている。住民が生活している中に農地があるということが、その地域の住宅地としての価値を高めている、というわけだ。

例えば、杉並区で区民農園の利用者を募集すると、抽選倍率が3倍程度と結構な人気になっている。都市に生活する住民は、農業というか、土壌に対する願望があるのだろう。

杉並区には農地を持っている大地主の方も多いが、私が区長になって、都市農地を守っていくためには、地主さんからすれば第一に、相続対策が大きな課題になる。逆に言えば、土地を失わないようにするためには、営農を続けることで生産緑地として土地所有を維持できる。

とはいえ、地主さんも農業で生活しているわけではなくて、他に本業や不動産収入があって、土地を手放さないようにするために頑張って農家をやっているというのが実情だ。子どもが農地を継ぐケースもそれほど多くはない。だから、これから地主が持っている農地をどうするかというのは大きな問題になってくる。

そうした中、地域に親しまれる都市農地をつくるにはどうするか。アイデアの一つとして挙げられるのが、体験型の農園（年会費約5万円）だ。「区民農園」（同約7千円）では行政が主体と

すぎのこ農園では江戸時代の歴史的な建築物を管理棟として活用している

なり、利用者に区画を割り振ったら、あとは住民が何を栽培しても構わない「お任せ」の農園だ。一方、「体験農園」というのは、地主の農家が園主になって区画を割り、その園主の指導通りに農産物を生産する。一回一回、農業の教室を受講し、学習しながらやるので、いい品質の野菜が生産できるわけだ。

こういう取り組みを通して都市農地が地域に親しまれる存在になるように力を入れてきた。それに加えて、地元の野菜を地元で消費する「地産地消」や、地域の福祉に貢献できるような農地の在り方を追究してきた。

「すぎのこ農園」ではこうした発想を原点に、具体的に福祉や地産地消という取り組みを絡めたことも、ポイントだった。高齢者や障害者がＪＡに指導してもらいながら農作業を行えるようにし、福祉作業としても活用してもらっているのである。収穫した野菜は、地域の保育園やこども食堂、福祉施設などに供給し、更に農作業を障害者の団体や就労支援といった形で手伝ってもらっている。まさに農福連携の農園なのである。

この農園で目を引くのは、杉並区内で最古と言われる古民家だ。江戸時代中期に建築された梁や柱を活用した建物をそのまま使い、昔の農機具を展示し、見学も可能となっている。実はこちらも相続で行き場がなくなっていたが、歴史的に貴重な建築物を解体してしまうのはもったいないということで移築し、管理棟として使用している。農業と福祉を連携させるという発想は、過去に例がなかったかもしれないが、都市農地の新たな在り方として、広がっていくのではないか。

杉並区議会では中には枝葉末節というか、重箱の隅をほじくり返すような指摘も受けてきたが本会議や委員会では杉並区の幹部は一堂に会し、座っていなければならない。。区議会の全ての質問がそうだとは言わないが、ステレオタイプの批判のための批判を聞きながらふとひらめいた農福連携農場のイメージをメモ書きにして、後ろに控えている幹部に手渡して、形にするよう指示したのが始まりだ。元々、この土地の購入に慎重だった彼らだったが、私の勢いに乗せられて具体的なイメージが作られていった。そして土いじりの好きな高齢者や障害者が汗をかきながら、笑顔で土を耕し、野菜を収穫して、それを保育園やこども食堂などで食べてもらう――こんなサイクルが出来上がった。

◉思わぬ落とし穴――区民がん検診

在任中、杉並区のトップとして厳しく区政運営の責任を問われる場面があった。

平成30（2018）年6月、杉並区内の医療機関で肺がん検診を受診した40代の女性に「見落とし」があり、命を落とされた事故だ。担当医が胸部レントゲンの読影を誤った上、肺がんが原因で脳梗塞を発症、やっとの思いで自分で救急外来に駆け込みながらカルテや過去の検診データと突合することもできずに自宅に戻された。心配した家族が実家のある地方の病院に入院させたものの、手遅れで結果的に亡くなってしまったのである。女性にしてみれば毎年、検診を受けていたにもかかわらず、がんを発見できず、本当に気の毒なことだった。

これは杉並区が医師会に委託している検診だったから、すぐにご遺族のもとに、医療機関の経営者や区の医師会長と一緒に謝罪に行くことにした。何も一回謝って許されるとは思っていない。その後、第三者による検証委員会を作ることも約束した。

検証委員会の報告が出る度、説明に伺い、真摯な対応を心掛けた。ご遺族のもとに4～5回は訪れただろうか。ご遺族は始めから杉並区を提訴する構えだった。私たちが指定された弁護士事務所にお伺いしても当然、お茶も出ず、不信感を持たれていたと思うが、謝罪と原因究明・再発防止についての説明を重ね、ある時点からは一応、私たちの誠意は受け止めてくれたようで、訴えを取り下げてくれた。

ご遺族から訴えを取り下げるという話を頂いた後も、私はどうしても気持ちが収まらず、お線香だけでもあげさせてほしいとお願いしたのだが、やはりご遺族が随分、傷ついていたのだろう。その時はお許しを頂けなかった。それでも、「いずれどこかの機会に弔問にお伺いしたい」とお伝えし、それから命日には必ずお花を送った。数年後、遂に誠意が伝わったのか、ご遺族から「弔問に来て結構です」とお許しを頂き、ご自宅にお伺いできたのである。

コロナ禍ではあったが、ご自宅に伺うと、ご家族は歓迎してくれて、恐縮しながら線香を上げることができ、逆に返礼まで頂いた。この「見落とし」はマスコミにもちろん公表しているが、ご家族が新聞やテレビ局に話題作りのような駆け引きをしないで頂いたこともありがたかった。

これは医療に素人の私から見ても実に気の毒な案件で、マスコミに煽られたらひどく叩かれただろうと思うが、私はご家族の対応を信用して「この家族はちゃんと誠意をもって接すれば理解してくれる」と信じていたのである。

では、この見落としはなぜ発生したか。検診の体制としては2人の医師がそれぞれ画像を確認し、どちらかに疑義があれば要精密検査に回すルールになっていた。ところがその仕切りが緩やか過ぎた。このとき、肺がんの専門医と、専門外の医師がペアを組んで読影をしていたのだが、専門医の方は「問題ない」ということでスルーして、専門医でない方が「ちょっと、これは……」と目を止めたらしいのである。しかし、専門医がスルーする限り、自分から「精密検査に回せ」とは言いづらい雰囲気があったようだ。

私が強く責任を感じていたのは、これが区長就任直後に着手した医療政策改革と大きく関連しているからだ。

区民健診はどの区でも実施しているのだが、区によっては東京都と区長会と医師会で取り決めている「健診単価」に、区が独自に加算している場合がある。分かりやすく言うと、医師会の政治力が強いところほど単価がプラスされ、区から医師会に委託料の加算分が多く支払われているのだ。そこで私はプラス加算をゼロにし、捻出した財源をがん検診の拡充に充てようと考えたのである。

がん予防には何と言っても早期発見・治療が大事であり、それにはがん検診に財源を投入して個人の負担を軽減し、受診率を向上させたかった。そうして実現したのが、500円で受診できる「ワンコイン受診」だ。私たちの目論見通り、がん検診の受診率は飛躍的に向上し、必然的に医療機関が読影する件数が増えたのだが、そこに思わぬ落とし穴があったわけである。

元々、2人の医師が独立性を持って読影すべきところ、受診率の向上によって件数が増えたために、同じ病院の医師2人の読影でも可能にした。所属する病院が全く別の二人の読影に比べて同一の病院の二人の読影では、やはりチェックが甘くなってしまった。

私はこうした問題を改善するため、二人の医師による独立した読影と確認を徹底させることにした。同一の医療機関の二人では駄目で、違う機関でそれぞれ確認するようにしたのである。二人の見解が一致していればいいが、もし違っていれば精密検査に回すことを徹底させた。

もう一つ悔やまれるのがこの医療機関の肺がん検診での「要精検率」（精密検査に回す割合）が他の医療機関よりも明らかに低いということを、区の保健所が認識していながら、その原因と対策にまで踏み込めていなかった点である。もしそれが出来ていれば……と思うと、ご本人とご遺族に申し訳ない気持ちでいっぱいである。

◉不正はあったのか――商店街の補助金受給問題

杉並区内の「西荻窪商店会連合会」が平成31（2019）年、東京都の補助金を不正に受給するという問題が発生した。東京都は違約金を含めて計2400万円余りを返還するよう商店街に要求、区の瑕疵《かし》の有無も調査して不正受給問題の全容解明を進めるなど、対応に追われることになった。

東京都の発表によると、平成26〜30（2014〜2018）年度、不正が確認されたのはスタンプラリーなどのイベント「ハロー西荻」「西荻おわら風の舞」の2事業。同商店会は区を通じた補助金の申請に当たり、踊り子などの出演料を領収書に多く記載する水増し請求（約110万円）や、地元の企業などから集めた協賛金を収入として計上せずにイベント経費を求める過大請求（約897万円）を行った、とされた。

問題の一つは、同連合会が領収書を偽造して水増し請求したのではないか、ということだった。商店街側は出演団体に実際に支払った出演料より多い金額を白紙の領収書に記入し、約117万円を受け取っていた。

では、具体的にどのような不正があったのか。西荻窪の商店街では毎年、踊りの団体を呼ぶ地域イベントを開催していたが、その補助金の使途と申請内容が違っていた、というのである。本当は、踊り手に対する出演料として充てる予定が、飲食を伴う踊り手団体への接待に全額を使っていたのだった。

この時、補助金の全額返還に及ぶ悪質なものであるかという判断について、東京都と杉並区の間で、激しい議論があった。細かく言うと、商店街が文房具を購入した際の領収書が改竄されたというのは数百円、数千円単位の話である。補助金を不正受給して全額または一部でペナルティを課すケースは過去、東京都内でも2~3件あった。例えばイベントの開催を申請して実際には開催しなかったり、誰かが私腹を肥やしたりするような詐欺である。それらは全額、東京都がきちんと弁償させたはずである。今回の事案を、それらと同じように取り扱うのかということで東京都と認識の齟齬があった。

私としては「出演者をねぎらい、モチベーションを高めてもらうために接遇するわけで、役員の誰かがポケットに入れているような話ではない。ある意味、形式犯みたいなものだろう」と考えていた。補助金の申請内容と支出も微妙に違ってはいたが、出演者のために使っていることは事実であり、実際にイベントもやって、経費もかかっているから、補助金を全額、返還させろというのは厳し過ぎるのではないか——現場の感覚としては内容的に過去の事案と比べても悪質なものではない、と私たちは主張した。

杉並区では当時、副区長をトップとする検証委員会を作っていたが、東京都はその結論が出てないにもかかわらず、3千万円の返還請求書を送りつけたのである。商店街に返還を請求するのは杉並区長、つまり私の名前で全額を返還させることになる。

私としては実態を解明し、本当にそこまで返還を求めなければならないのか、東京都に慎重に考えるよう求めておいたが、区の検証委員会の最終報告が出る前に、処分を決めてしまったのである。この事件が都の内部で発覚した初動の段階で、私は商店街振興を担当している東京都産業労働局の幹部に「ちょっと話がこじれそうだから、何かあったら直接、私に相談してほしい。情報共有させて下さい」と言っておいたが、彼は何の連絡も寄越すことなく、そのまま処分を下してしまった。不服であれば裁判を起こして下さい、と言う態度で、東京都と杉並区の連携などあったものではない。それが小池都政のやり方なのか、と不信感を強めた出来事だった。

東京都側は商店街の不正は区の責任であり、適正に審査しなければならないと言うが、それは建前だ。現場を預かる区からすると、商店街の責任者は行政的な書類を埋めるのが苦手な人が多くいて、担当者は彼らに寄り添いながら書類作成をサポートしているのが実情だ。二人三脚で手伝わないと手続きが進まない現実があるのだ。東京都としても、事業の執行率を上げたいから、持ちつ持たれつという側面もある。

区議会からも散々、批判を受けたが、これが杉並区の責任だということになると、私に監督責任があるにせよ、職員が実務的な責めを負わされかねない。特に共産党がこの不正をあげつらい、しきりに「区長の責任」を追及していたが、私に対する批判ありきで、一生懸命に商店街をサポートしようとしている職員を傷つけて何が残るのか、本当に疑問だった。

こうした問題があるからこそ丁寧にやっているのに、調査の途上でいきなり「杉並区長　田中良」の名前で請求書を送るよう、東京都は迫ってきたのだから、極めて遺憾なことだった。

最終的に商店街は全額を弁償したが、イベントは開催され、補助事業の趣旨は一定程度果たされているわけで、少しでも瑕疵があったら一銭も出しません、という東京都の考えは今でも極端だと思う。

収支報告書で収入が未記載だという指摘もあった。祭りに行くと、寄付や祝儀を出してくれた地域の役員や企業の名前を飾り付ける「花掛け」を見たことがあるかもしれない。この補助金の仕組みでは、祭りのパンフレットに掲載する広告収入は事業費として計上する必要があるけれども、杉並区では「花掛け」に記載している収入が、収支報告に乗っていなかった、というのである。

祭りは企業からの協賛金を集めて、運営費を賄い、足りない分を補助金で埋めるのだが、収入が増えると補助金は減ることになる。「花掛け」に書いてあるような寄付金は事業収入ではあるのだが、誰がいつ善意で持ってくるか分からない面があり、これらを事前に「収入」として計上できるわけがない。

ましてや協賛金を集めれば集めるほど、補助金が減る仕組みだ。商店街が頑張れば頑張るほど補助金が増えてくるなら分かるのだが、地元がいろんな努力をすればするほど、補助金が減っていき、何も努力しない商店街ほど補助金が出てくる仕組みになっている。これはおかしいのではないかと提起した。

地域を回っていると分かるのだが、地域の会合では年長者が若者の面倒を見て、飲みに連れていくような文化は根強い。そういった人間関係やチームワークがあるからこそ、地域のエネルギーが出てくるしモチベーションが高まるわけで、そうでなければ地域でイベントを開催するときに一体感というか、盛り上がりが出てこない。

そういう実情を一切抜きにして、「杓子定規に補助金を出しません」と言うのはいかがなものか。地元が集めた協賛金は何に使うか役所が口を出す話ではないはずだ。協賛金が入ったからといって補助金を減らすようでは、逆にどんどん担い手のモチベーションが下がってしまうし、地域活性化事業なんて名ばかりになってしまう。都庁官僚が机上だけで考えている世界と現実は違うのである。

区によっても地域ごとに文化が違って、寄付を集める文化がない地域もあるようだったが、杉並区の場合は地域でイベントをやれば、町会長や各地域のいわゆる「顔役」の人たちが世話したり応援したりする文化があるから、協賛金や寄付金を何に充てるかは主催団体に任せた方がいい、というのが私の考えだった。

それでも、東京都に言わせると、あらゆる収入を全て計上することが必要なのだという。今、各地域の催し事や商店街は新型コロナで随分、ダメージを受けたと思うが、このように融通の利かないやり方を続けていて、商店街振興はどうなっていくのだろうか。

◉2日でアウト——相次ぐゲリラ豪雨

近年、ゲリラ豪雨が頻発している。住民の生命を預かる行政としては、河川の浸水にも常に、目を光らせておかなければならなかった。

杉並区には主に三つの河川が流れていて、南から神田川、善福寺川、そして妙正寺川。このうち、最も浸水しやすいのが善福寺川だ。一昔前は、1時間当たり50ミリの豪雨に対応する施設で十分だったはずで、東京都の河川事業もそれに応じた改修工事の計画が何十年も続いている。河川の護岸工事というのは基本的に下流から上流に向かって川幅を広げたり、河川の底を掘削して水量をいっぱい保てるようにして、浸水被害を防ごうというものだ。ただ、杉並区で言えば、上流部に到達するのにあと何十年かかるか分からない上、仮にそれが完成したとしても時間50ミリ対応なのである。

翻って今、都心は時間75ミリ、100ミリの対応で対策が取られつつある。確かに最近、頻繁に起きている線状降水帯のような雨の降り方を考えたら、最低でも75ミリという対応をやらないと駄目だ。集中豪雨というのは、行政としてもその数値を見る時に、一時間に何十ミリということで被害の大きさを計るけれども、近年は10分程度の豪雨で河川が溢れてしまうほどだ。区では警戒水域を超えると、警報を出して職員を参集させるルールになっていたが、職員が来る頃にはもう浸水しているほどのスピードなのである。

私は区長として、防災課長には従来の考え方ではなくて、危ないと思ったら職員を早めに参集させ、対応に当たるよう指示してきた。浸水被害がなかったとしても、後手に回って人が足りない方がまずいわけで、課長判断で先手を打って招集をかけるようにした。

とはいえ、善福寺川の浸水を防ぐには、やはり上流部に調節池なり貯留管を建設しないと現実的には難しい。

杉並区内には東京都建設局の「神田川・環状七号線地下調節池」がある。これは水害が多発した神田川中流域の水害に対する安全度を向上させるため、河川の洪水を貯留する機能効果があるのだが、実はこの恩恵を受けるのは、中野区や新宿区など、環状7号線よりも下流の地域なのである。かつては大雨が降った時によく溢れるのが神田川の、杉並・中野の区境と高田馬場、江戸川橋といった地域だったが、それを防いでいられるのは、環七調節池で水を抜くからだ。

一方、環七調節池は上流部には何の影響もない。多くの区民が誤解しているのだが、調節池により水害被害を免れるのは下流であって、杉並区の上流部には全く恩恵がない。これを解決するには上流部を抑える施設を造る必要があるのである。区役所としては東京都と様々な協議・調整を重ねてきたのだから、今までの積み上げを生かして、着実に整備を進めてほしいと思う。

ところで、あまり知られていないが、環七調節池にも弱点がある。いったん、水を入れて満杯になったら、それを全て抜くのには48時間かかる。つまり丸二日間、続けて大雨が来たら処理能力を超えてしまうということだ。

区長在任中、豪雨が続いて一度だけ危ないという予報があった。それまで、これほどの豪雨は来たことがなく、中野区や新宿区も「環七調節池があるから」と、浸水を想定していなかったのかもしれないが、この弱点を把握しないでいた。

他区のことではあったが、これは早く通知しないと避難が手遅れになる――と思い、午後8時ごろ、東京都の担当事業所に連絡を入れ、中野区や新宿区に浸水を想定した対策を取らせるよう助言したことがある。

ところが、午後10時近くになっても、打ち返しの連絡が来ない。「一体、どうなっているんだ」と尋ねると、東京都として23区に避難を要請するには上司の許可が必要だが、上司と連絡が取れないんです、と言うばかりである。

業を煮やした私は「もう時間がない、このままだと私が直接中野区や新宿区に言うしかなくなる。本来は東京都の仕事なのに、面子が立たなくなるぞ」と忠告して、直接、副知事に電話を入れることにした。

「さっきから担当局に連絡しているのだけど、現場は『上司と連絡が取れない』と言うばかりだから、直接、上司の副知事に電話することにしました」

すると、副知事も「すぐに対応させます」と応じてくれたが、彼もその時まで、環七調節池の水を抜くのに時間がかかることを認識していなかったほどである。結局、副知事に連絡を取った途端、東京都からは堰を切ったように逐一、情報が入るようになり、以降、30分おきに河川の水位まで連絡してくれるようになった。分かりやすいお役所仕事だと感じたが……。2日続けて処理能力を超える豪雨が降ったらアウト――杉並区ではこれを教訓に、東京都の上層部に対して対策を提言してきた。それ以降、複数の調節池をつなぐなどの対策を取っているはずである。

第7章

地方分権、かくあるべし

◉大手町と離島のルールは同じでいいのか

地方分権を語る上で外せないのが、「たばこ」である。私も以前、喫煙者だった。もしかしたら、「ヘビースモーカー」だと思われていたかもしれない。

たばこは今、法律や条例で、どこで吸うことができるかが縛られている。令和2（2020）年4月、東京都の「受動喫煙防止条例」と、厚生労働省の「改正健康増進法」が全面施行され、2人以上の人が利用する施設は原則屋内禁煙となったのである。

科学的には、たばこは健康に害を及ぼすものだ。喫煙しないことに越したことはない、という考え方はもちろん理解できる。ただ、日本では喫煙する自由があるわけで、その環境をどう整備するかということを法律で一律に定めることが最適だとは思えない。

法律というのは全国津々浦々、隅々にまで適用されるルールである。しかし、喫煙する上で、大手町のオフィス街と島嶼を一律に法律で縛って、何の意味があるのだろうか。「望まないたばこの煙は吸わせてはいけません」と国が理念を定め、その下で各自治体が具体的な喫煙対策禁煙対策を定めるというのなら理解できる。国としては例えば副流煙を浄化する空気清浄機を購入する場合は補助するなど、自治体の取り組みを後押しすることが責務なのではないか。

たばこは現行法の下、嗜好品として堂々と売られている。たばこによる健康被害か、たばこに課す税金か、どのような切り口で論じるかにもよるが、基本的にはそういうことを是認して、日本は「たばこを吸っていい」という国であることが議論の前提だ。たばことの「共存」、つまり他人に迷惑をかけない範囲で、喫煙できる環境を作っていくことが必要なのである。

国は健康増進法の改正、東京都は受動喫煙防止条例の制定でたばこを規制したが、当時、私が憤っていたのは、一律に網をかけるやり方だった。望まない副流煙を吸ってしまうことを避けるということには何の異論もないし、たばこを吸わない人にもそれを我慢しろと言うつもりは全くない。しかし、非喫煙者が煙を吸わない環境を守るのと同時に、喫煙者にも権利はあるのだから、たばこを吸う権利は、きっちり守らなければならないのではないだろうか。

では、具体的にそれをどう実践するか。厚生労働省が法律でその理念を謳うことに異論はない。ただ、どこで喫煙できる、できないということまでを書き込むことには違和感がある。前述の通り、法律は全国に適用されるものであり、たばこを吸う環境というのも同一でないからだ。

東京都だけで見ても、千代田区大手町のオフィス街もあれば、杉並区のような住宅街もあり、あるいは多摩地域の山間部もある。青ヶ島村は人口200人に満たない離島だ。神奈川県や千葉県、そして北海道や沖縄県でも、地域によって事情の違いがあるだろう。都心であれば都心の、離島なら離島のルールが必要であり、それぞれの地域の実情を熟知した自治体がローカルルールを定めることが適当だ。都心部と地方で環境が全く異なるのに、国の法律で一律に喫煙できるかどうかをうたうことは中央集権的であり、強権的でもあり、地方自治を蔑ろにするものだと思う。法律で理念や目標を謳った上で都道府県や区市町村に受動喫煙防止対策の実行計画の策定を義務付けて、国がその取り組みを支援する、というのが本来の在り方ではないだろうか。

事業者にとっても、影響は大きい。街中には、法律や条例に従えない零細の飲食店はいくらでもある。東京都の受動喫煙防止条例では原則屋内禁煙で、たばこを吸うには一定の基準をクリアした喫煙所を設置することを定めているが、小規模の飲食店に喫煙室を新設できるわけがない。

私は既に喫煙をやめているが、個人的な感想を言えば、他人が吸っているたばこの煙で「吸いたいな」と思うことはある。しかし一方で、嫌な臭いだな、と思うこともある。受動喫煙をしない権利とともに、喫煙者の権利というのも、丁寧に考えた方がいい。

国は健康増進法の改正で喫煙の制限を定めたが、日本が批准したはずの世界保健機関（ＷＨＯ）のたばこ規制枠組み条約に対する矛盾も指摘しておきたい。

当時の健康増進法の改正では、国会議事堂の控室が「たばこを吸えない場所」から除外されていた。法律的には、各省庁の執務室は大臣室であってもたばこを吸ってはならないという規定になっているが、どういうわけか、国会では吸える。各省庁よりもむしろ、国会の方が毎日、子どもや高齢者が社会見学で来訪することが多いぐらいだが、なぜ、ここで規定を除外しているのか、自分たちに甘いとしか言いようがない。

杉並区としても、望まない副流煙を吸わないようにするために、区庁舎の中に喫煙室を整備してきたが、法律で「庁舎内では喫煙は禁止です」と定めた途端、たばこを吸える場所がなくなってしまう。唯一、喫煙できる場所に人が群がって、昼休みは大混雑になってしまった。杉並区役所は東京メトロの駅の真上に立っている。だから、職員にたばこは庁舎の外で吸うように言ったとしても、常に駅の利用者の往来がある。そんなところに喫煙スペースを作れるわけがないから、庁舎の中に4カ所ほど用意していたが、それも全部撤去することになった。

今、区役所周辺でたばこが吸えるスペースは、区役所本庁舎に1カ所あるだけで、休み時間ともなると、喫煙者は我先にとそこに集まる。区役所としては非喫煙者に受動喫煙の迷惑をかけないよう、空気清浄機も使いながら、たばこを楽しめる空間を作る努力をしてきたわけだが、法律でそれが駄目になってしまった。

たばこ業界はこれまで、鉄道駅に喫煙ルームを確保するよう要望していたが、法律では鉄道事業者に対し、駐輪場と同じように喫煙室を設置する努力義務を課すことなどを書き込むことが必要だ。たばこ税が国鉄の大赤字の穴埋めに投入されてきた歴史を忘れないでほしい。そうした規定も作らずに、法律で一律にたばこを制限するから、地方自治体がたばこを吸う人と吸わない人からの苦情を一手に引き受けることになるのである。

たばこを吸う人にも、おいしくたばこを吸う権利はある。煙の籠った狭い場所に喫煙者を押し込めて、悶々とした場所での喫煙を強要し、文句を言わせないのでは権利の侵害である。

喫煙者にとっても、そうしたところはいい環境とは言えない。「一服するのにどうして他人の煙を吸わなければいけないのか」といった意見もある。喫煙者だって他人からの受動喫煙を嫌がるのが自然なのである。

結局、一定数の喫煙者はいるわけで、一律に公共施設だから禁煙と言うことにすると、逆に近隣に迷惑をかけるだけだ。地方分権の世界では「基礎自治体優先」の原則が当たり前のようにあったが、それはいつの間にか脇に追いやられてしまった。喫煙の仕方まで法律で縛り上げるというのは、地方自治を預かる立場からすると、やり過ぎの感は否めない。

受動喫煙対策ということでは、鉄道事業者に対し、駅周辺に喫煙スペースの付置の努力義務を課すとか、国や東京都は一律に喫煙の在り方を縛るのではなく、地方自治体に実行計画を作らせて、地方自治体や鉄道事業者などの取り組みをバックアップしてもらいたい。

仮に区役所の外に喫煙室を設置しても、「バスの停留所で、喫煙室から副流煙が漏れてくる」「職員が外でたばこを吸っている」といったクレームが山のように来る。国や東京都はそんなことに思いも馳せないだろう。小池知事の足元、都庁舎では喫煙が禁止されているから、新宿中央公園に行ってたばこを吸いに行く職員が少なくないのではないだろうか。現場を知らないとはこういうことである。

◉23区は児童相談所を運営できるか

「もうおねがい、ゆるして。ゆるしてください」「もう、おなじことはしません」——5歳の女児が平仮名で書いた手紙が痛々しい。このニュースに衝撃を受けた人も多いのではないか。目黒区で平成30（2018）年に発生した児童虐待事件である。真冬のベランダに裸足で放置され、父親から暴行を受けるなどして死亡した。

児童虐待事件が発生する度に論点になるのが、児童相談行政の在り方だ。東京の地方分権では、子どもたちを児童虐待から守る児童相談所も大きなテーマである。

これは児童虐待に対応するための専門機関で、児童福祉司や児童心理司などのスタッフも備えている施設だ。元々は都道府県の事務で東京都がこれを持っている。

一方、特別区はこれとは別に、「子ども家庭支援センター」を持っているが、児童虐待に厳しく介入する権限を持っているわけではない。東京都の児童相談所との間で、連携ミスが指摘されることもあった。平成28（２０１６）年の法改正により特別区も児童相談所を設置できるようになり、特別区は今、順次、児童相談所の開設に向けて動いているのである。

児童相談所は、東京都と特別区のどちらが受け持つのが望ましいのだろうか。私は都議会議員出身だから、東京都庁には割とざっくばらんに話せる間柄の幹部職員がいて、色々聞いてみると、東京都の関係者はほぼ、「児童相談所は広域行政であり、区ではなくて東京都が受け持つべきだ」という意見で一致していた。特に練馬区の前川燿男区長は東京都の福祉局長を経験したことがあり、「児童相談所は広域行政」という信念をお持ちだ。だから、練馬区としては、児童相談所を開設する方針はないようである。

正直に言って、私は児童相談所の現場の実情に詳しいわけではない。杉並区長に就任した当時は、特別区長会として都から区への事務事業の移管が議論になっており、その中で集中的に、児童相談所の移管の協議が進められているという状況だった。東京都も合意の上だとされていた。

しかし、東京都で区長会との協議を担当する総務局とは別に、児童相談所の現場を預かる福祉保健局の受け止めは異なっていた。「23区では無理だ」というのである。

東京都庁内でも局によって温度差がある中、国が平成28（2016）年、児童福祉法を改正し、都道府県や政令指定都市だけでなく、特別区でも児童相談所をやろうと思えばできるという「手挙げ方式」が可能になったのである。

23区でも対応は分かれた。世田谷区と荒川区、江戸川区は先行して児童相談所の開設に着手する一方、杉並区としては周囲の状況をきちんと確認してから取り組んだ方がいいと判断していた。そして、その判断材料を集めるため、仮に特別区で児童相談所を持つと、どのようなメリット・デメリットがあるのか、具体的な相談案件の対応の違いについて分かりやすく説明するよう指示していた。子どもの生命の安全にかかわることである。抽象的な制度論ばかりしていても、埒が明かないと考えたからだ。

ところが、特別区長会の事務局から出てきた資料を見ても、はっきりしない。それは無理からぬことで、事務局としても児童相談所を運営した経験がないから、想像で語るしかないのだろう。具体的な議論が深められるか、ある意味で限界も感じていた。

それでも近年、児童虐待の相談件数が増えているのは確かだった。杉並区の担当部署は、児童相談所を担当する用意ができているのだろうか？　意外な答えが返ってきた。子ども家庭支援センターの職員が「ぜひ児童相談所をやりたい」とはっきり言うのである。「東京都の児童相談所はサービスが後手に回っている。住民に身近ではなくて、きめ細かさが足りない」。

例えば、児童虐待のリスクがあった区民が杉並区の外に転出した時のことだ。杉並区としては児童相談所から本来、移転先の自治体の児童相談所にきちんと情報を送るよう求めていたにもかかわらず、連絡がルーズになっていたことがあったらしい。私としては、子どもの虐待が疑われる場合、放置して取り返しが付かない事態になるよりは、保護者から強制的にひき剥がした方がいいし、保護者にもそう認識してもらわなければならない、と考えていた。少しでも虐待のリスクがあると判断したら、家庭内暴力（ＤＶ）を抑止することも含めて早めに手を打つべきで、職員にも「何かあったら責任はこちらで取る。現場の判断でやってくれ」と指示していた。

仮に判断が誤っていた場合、最終的な責めを負うのは区長である。政治家には「責任を取りたくない」という自己愛の強い人もいるが、私は政治を志した頃から、本当にこれが地域や将来世代のために必要だと思ったら、命を賭してもやるぐらいの覚悟でいなければ政治家は世の中の役に立たないものだと考えているから、「責任は取る」ということは至極当然のことだった。

児童相談所の運営に関して東京都は、特別区単独では福祉の専門職の人材確保・育成や地域の警察署との関係に難があることを強調する。ただ、特別区と所轄の警察との関係は数十年前と比べると、ものすごく近くなっていて、連携は取れている。杉並区役所でも現役の警察官を派遣してもらい、危機管理部門を担ってもらっており、そのポストはほぼ2年ごとに入れ替わっている。警察に帰任する職員は自治体での経験をその後の職務に生かしてもらおうということだ。

杉並区には荻窪と杉並、高井戸の3つの警察署があって、かつては杉並区役所と没交渉だったのかもしれないが、今はお互いにコミュニケーションを取るように努力しているのである。もちろん警察側からすると、捜査情報は教えられないという建前があるのだが、方向性みたいなものを情報共有できれば、お互いにプラスで、児童相談対応ができる。それを警察も理解してくれれば、許容の範囲内での情報共有というのはあっていい。東京都が全部、警察と何でもやりますと言うのはおこがましい話で、地域で起こっていることはやはり区役所と所轄の警察署とが常に密接に連絡することが大事だと思う。

そういう意味でも、杉並区の子ども家庭支援センターの職員は児童相談所行政に対するモチベーションが非常に高くて、私はむしろ「焦らなくていい」とブレーキをかけて抑えている方だったのである。

過去の事故が起こった時の対応を見ていると、結局、現場の職員が判断できなかったり、迷ったりするケースが多かったようだ。よほど決定的な証拠がなければ、子どもを親から引き剥がすという行政権を行使しないようになっていて、現場としてはリスクを把握していても、上司が明確に方針を出していないケースで事故が起こるような気がする。

児童相談行政に限らず、東京都も23区も、お互いに自分たちが知らない世界を知っていこうとする姿勢が大事だ。基礎自治体は言ってみれば、顕微鏡を通して地域を見ているわけで、それはそれで東京都にはない強みである。仮に区が自前で児童相談所を持たない場合でも、東京都の児童相談所行政に何が必要かをいち早く見出し、現場での課題解決に結びつけていく発想が大事だと思う。

◉23区共通の組織——清掃移管と職員給与

東京における地方分権では、平成12（2000）年に清掃移管という大きな制度改正があった。東京都には以前、「清掃局」があり、ここでごみ収集から運搬、焼却、埋め立てまで一括して担当していた。東京都でごみの分別をきちんとすることを目的に、ごみ袋の色を黒色から中身の見える半透明に変えるだけでも、都議会で喧々諤々《けんけんがくがく》の議論をやったことを覚えている。しかしその後、地方分権の流れを受け、23区はごみ収集とリサイクル、それに焼却を東京都から切り離し

区民に身近な行政としてごみ収集は特別区が担っている

て担うことになったのである。

私は清掃移管によって、リサイクルや収集・運搬といった細かい作業については住民に身近な自治体が行うことになり、仕事が丁寧になったと評価している。一方で、業務が分割され、23区がそれぞれごみを分別するけれども、却って清掃工場での焼却処理などが見えにくくなったとも感じる。と言うのも、清掃工場は23区がそれぞれ持っているわけではなく、共同で事務を処理するための「一部事務組合」という組織が担うことになっているからだ。この一部事務組合は、必ずしも区民に見える存在ではない。

清掃工場は建設に数百億円という高額の予算が必要で、東京都清掃局であれば当然、議案になって、都議会としてオープンな場で議論できる。ところが、一部事務組合はトップが選挙で選ばれるわけでもない。もちろん、議会がチェックする仕組みはあるのだが、出席する議員は各区の区議会議長などが併任することになっていて、どちらかというと形式的な報告が多い。もっと言えば、議会はノータッチに近く、意思決定がブラックボックスと言われても仕方のない構造なのである。一部事務組合の職員が間違った仕事をしているとは言わないが、区長としても実質的な議論に参加しにくいし、住民からも見えにくいという面はある。

また、同じく清掃の問題になるが、かつて各区が自前で清掃工場を建設し、「自区内処理」を目指すという原則があった。自分の区で出すごみは他のところに持って行かずに、自分の所できちんと処理できるようにする、という一種の約束事のようなものである。東京では「ごみ戦争」（次章で後述）で各区が衝突したことも背景としてあった。

しかし、現実的には全ての区が清掃工場を建てるのは事実上、不可能である。例えば、千代田区は財政的には余裕があるが、どこに事業用地を確保できるかを考えると、清掃工場を建てることは現実的ではない。自区内処理は事実上放棄したと言っていい。

同じく23区共通の問題として、職員の処遇をどう上げていくか、という問題もある。

東京都や特別区を始め、公務員の給与というのは、知事や区長など人事権者が「人事委員会」という第三者機関の勧告を受けて、職員団体との交渉を経て、支給額などを決めることになっている。人事委員会は、民間の給与の状況を調査し、給与の引き上げ・引き下げを勧告する仕組みである。23区の場合は、各区が個別に勧告を受けるわけではなく、共通の「特別区人事委員会」が勧告することになっている。

しかし、実態に合っているかどうかは疑問である。例えば令和3（2021）年、特別区の人事委員会は職員の月給を据え置き、特別給を引き下げるよう勧告し、東京都では平均年収ベースで約4万円減、23区で約5万9千円減となった。令和4（2022）年は、都・区ともに月給・特別給ともにアップしているが、微々たる額である。

人事委員会勧告の問題点の前に、最初に指摘しておきたいのは「公務員には職責と使命感がある」ということ。コロナ禍という国家危機にこそ、無理してでも頑張る気概がないといけない。要するに、いざと言う時に頼りになるのが公務員であり、だからこそきちんとした処遇を考えるべきだ。例えば行政がホテル療養を実施する場合も職員が感染者と接点を持つことはあり得るのだから、「危険手当」がないのはおかしい。杉並区では令和2（2020）年の第1波の時点で、私が指示して条例で特殊勤務手当の支給を定めた。

そこで人事委員会勧告（人勧）である。かつてバブル崩壊後の不況で、中小企業や金融機関の倒産の連鎖などで民間給与が下がり、その反発から「公務員給与が高過ぎる」との批判が起きた時代があった。その都民感情を背景に、都議会の権能で都職員の給与を人事委員会勧告よりも下げさせる動きをし、実際、そうなった歴史がある。東京都が平成14（２００２）年の都議会に提出した職員給与特例条例の改正案に対し、都議会最大会派の自民党が給与の削減を強く求めていた。

会派間の交渉で、都議会自民党の幹事長（当時）は「議会が職員給与を下げたという実績を残したい」とこだわっていた。都民感情を受け止めて、都人勧よりも1円でもいいから下げて存在感を示すというのが議会の信頼を得る道だと考えたのだろう。一方、都議会民主党の幹事長だった私は公務員には労働三権が制約される代償として人勧制度があるのだから、議会が介入するのは良くないと考えていた。

そうした中、都側も労使合意なく議会の決定で職員給与が決定されることに対しては、躊躇したのだろう。提出した議案を撤回し、都人勧よりも下げた案で労使合意し、出し直してきた。私は、この時の都人事委員会の危機意識が、公務員給与を検討するための民間給与の調査対象をより小規模な事業者に拡大する見直しにつながったと考えている。

人事委員会は民間との公民較差を基に職員給与などの増減を勧告しているが、平成18（2006）年10月、調査対象の企業規模を「100人以上」から「50人以上」に変更することによって調査対象企業を拡大させた。

これは、人事院と全国の人事委員会共通の基準で、より広く民間給与の実態を反映させる目的で行われたこととされているが、100人未満の小規模事業者を調査対象に加えることで、従来の勧告よりも公務員給与が下がる勧告が出ることにつながっている。つまり「人勧尊重→労使合意→議決」という伝統を守るために恣意的に公務員給与が下がる仕組みが作られたという見方もできる。

平成14（2002）年の議決の翌朝、中小企業の社長から電話があり、「田中さん、ありがとう」という。何のことだろう……と思っていたら、「都職員の給与を下げてもらったんで、うちの社員の給料も下げやすくなった」と。中小企業はそういう感覚で（都・区の職員給与の増減を）受け止めている。

今日見直すべきは、この調査対象企業の規模だ。首相が経営者団体に給与アップを要請している時代に、わざわざデフレ時代のやり方を堅持する意味はない。（警察・消防や教職員を含めて）十万人規模の事業者である都の職員給与と50人規模の事業者の給与を比較することが真に公正・

公平と言えるだろうか。特別区も同様で、このままだと人勧が永遠にデフレの牽引者だ。

変化が激しく、かつ不透明な時代を高いモチベーションで切り開く人材を求めるという長期的視点で、大都市自治体職員の現行給与制度を見直す必要がある。


また、特別区では管理職の不足にも直面している。23区には現在、共通の「管理職昇任試験」の制度があり、職員が自分の意思で受験するか否かを決めるのだが、受験者が減少しているのである。なぜ管理職になりたがらないかと言えば、職責や負担の大きさが挙げられるだろう。しかし職員が試験を受けてくれなければ、管理職の成り手がいなくなってしまうのである。

そこで私は区長時代、23区長が集まる会合で制度の改正を訴えてきた。管理職の昇任試験制度と共に、各区長が人事評価などを経て管理職に指名する「指名制」を併用し、試験を受けなくても区長が指名した職員を引き上げられるように求めたのである。

区役所の現状を見ていると、職員の多くが試験を受けてくれないから、上司が仕事の合間を縫って受験してくれる職員を見つけ出して、説得しなければいけない。後述するが、杉並区のように議会対応で苦慮する上司の姿を見ていれば、「あんな風にはなりたくない」と思う気持ちも分かるのだが、そのまま係長や主任でとどまっていては人事が行き詰ってしまう。各区では、管理職の不足に対応するため、定年を迎えたベテラン職員を再任用し、重要なポストに充てるというやり繰りをしていたが、それでは組織が先細るばかりである。

「女性登用」も課題だった。私は毎年、住民団体から女性の管理職を登用するよう、要望を受けてきたのだが、これも女性の候補者がいなければ成立しない。当該団体に対しては私から、女性の職員に管理職選考を受けてもらうようなキャンペーンを張ってもらいたいとお願いしたぐらいである。

何も公務員の試験制度そのものを否定しているのではない。公務員の試験制度というのはそもそも、明治期の政府が旧薩摩（鹿児島県）・長州（山口県）出身者に牛耳られないように「官吏」の任用基準を定め、広く人材を登用したのが始まりだと言われている。しかし、今日のように、受験者が不足するという状況は想定していなかったのだろう。そこで特別区では職員を選抜する試験制度自体は残しつつ、人事権者が直接、優秀な人材を登用するルートも並行して持つことが人事の活性化と組織の強化にもつながると考えたのである。

特別区の共通の制度であるため、改革は遅々として進まなかったが、何とか令和5（2023）年度から、新たな制度の下、区長がそれぞれの判断で管理職を「指名」できるようになる。もっとも、制度改正を提案した当人の私は、改革の成果を実感する前に、落選してしまったのだが……。

◉大阪都構想という反面教師

「大阪都構想」という言葉を聞いたことがあるだろう。一時、メディアで取り上げられていたから、聞き覚えがある人も多いと思う。

ワイドショーにコメンテーターとして頻繁に登場する橋下徹弁護士（元大阪府知事、大阪市長）が打ち出したもので、大阪市を廃止し、複数の特別区にするという構想である。大阪府・市の「二重行政」を解消するとともに、より住民に身近な自治体が、地域の実情に応じた行政を行うということが狙いであった。そのお手本はもちろん、東京都庁と特別区の制度である。

これは結局、二度にわたる住民投票で否決されたが、どのような地方自治の在り方が最適なのか、東京にとっても「反面教師」的に参考になる動きだった。

地方自治というのは、都道府県が広域行政を担い、そして区市町村が基礎自治体として住民に行政サービスを提供するという構造にある。その中で、大阪市をはじめとする「政令指定都市」は通常の「市」よりも権限が大きくて、教職員の任免や都市計画の決定などもこなす。特別区では一部、保健所の事務や児童相談所の運営などの権限はあるものの、上下水道や消防などのように本来、市が担う業務の一部を、東京都に担ってもらっている部分もある。そして、東京都が財源を握り、それを特別区に配分する、という仕組みになっている。

大阪都構想は、権限が大きい政令指定都市を解体して、半人前の自治体である特別区に分割するというアイデアである。つまり、その権限を大阪府知事に集めてしまい、中央集権的な体制を強化しようというのが「都構想」だ。橋下さんがこれを言い出したのは、当時、府知事として大阪市が言うことを聞かなかったことが根底にあるのだろう。政令指定都市は道府県の中でも独立した立場にある上、橋下さんは当時の平松邦夫大阪市長と対立していたから尚更だ。

では、東京都に「特別区」があるのはなぜか。

東京都の原形は「東京市」である。明治11（1878）年、麹町、神田、日本橋、京橋、芝、麻布、赤坂、四谷、牛込、小石川、本郷、下谷、浅草、本所、深川の15区で東京市を構成していた。その後、昭和7（1932）年10月に東京市は周辺町村を編入して20区を新設し、35区に。それが戦後の昭和22（1947）年に22区に再編され、その半年後に板橋区から練馬区が独立して23区になったという変遷を辿る。歴史的には、政府が首都の行政を戦時体制強化を目的に解体し、直轄的な統治に組み込みたいという意思の表れであった。現在の東京都政では都知事が大きな権限を持っているが、大阪都構想はこれと同じで、地方自治の「中央集権」を目指す思想なのである。

ただ、その時点では、大阪都構想を制度的に担保する方法はなかった。政令指定都市が「都」と「特別区」に移行することを、法令的に規定していなかったからである。そこで国会では2012年8月、「大都市地域特別区設置法」が議員立法で成立。民主党政権下で、政令指定都市を解体するという仕組みを作ってしまったのである。民主党はそれまで、地方分権・地方自治を声高に主張していたはずだが、その逆をやったわけだ。

更に悪いことに、この法改正は、政令指定都市から特別区への移行だけを可能とする「一方通行」なのだ。つまり、特別区は政令指定都市になることはできない。政令指定都市が特別区に移る道を作る一方で、特別区が政令指定都市になる道も同時に作る双方向であればまだ理屈は通る。しかし特別区がいくら強くなっても、政令指定都市を目指すことはできないのである。高速道路に喩えれば、インターチェンジの出口はあるが、入口が無いのと同じことだ。

地方自治の形をどうするかは、住民の選択だが、法律の定めとして一方的に政令指定都市の解体のみを規定するというのはいかがなものか。

世田谷区はかつて、政令指定都市を目指すと宣言していた時期があった。人口は90万人超で、地方の政令指定都市よりも大きいほどだ。にもかかわらず、法律的には政令指定都市を目指すことができないのである。大阪では「本家を解体して分家を作る」ことができるけれど、東京では「分家が集合したからといって、本家にはなれない」というようなことになっている。

地方自治体に限らず、行政機構は力を付けるほどに税源と権限を欲する本能がある。そして、政令指定都市は基礎自治体として最高に発展した「完成形」と言えるのだが特別区は政令市になる道がない。仮に大阪都構想が実現して、「大阪都」が成功すればいいが、逆に失敗して、今よりも財政状況が悪化して元の大阪市に戻りたいと思っても、それは不可能なのである。

五輪・パラリンピックの招致も実は、東京都の方式はイレギュラーである。今、札幌市が冬季大会の開催を目指しており、過去には大阪市や名古屋市もチャレンジしたが、いずれも招致の主体は「市」であり、広域自治体の「道府県」ではない。しかし、東京だけは広域自治体の「都」が立候補している。

これは、東京都が大都市事務として本来、基礎自治体が担うべき事務処理の権限もかなり持っているためで、裏を返せば23区は完全な基礎自治体ではない、ということだ。

また、東京都と23区の間には税収を分配する「財政調整制度」があって、東京都側が財源を握っているし、力関係で言えば圧倒的に強い。23区としては言いたいことが山ほどあるが、誰も諍《いさか》いをしようとは思っていない。政治的に対立していたとしても、財政的な支援をちらつかせられると「頂けるものは頂きます」という雰囲気になってしまう。

小池都政になって、知事と区市町村長が懇談する機会が設けられたが、私は一度、懇談会への出席を拒否したことがある。東京都は財政が潤沢だから、あなたたちの自治体にはこれをあげます、あれをあげますというのが、目に見えているわけだ。

各区長が知事に御礼を言う場面を、メディアを通して都民に見せつけましょう、ということだろう。私は小池知事の政治的なパフォーマンスのために利用されたくはなかった。

余談になるが、今、都知事として活躍している小池さんとの関係は、実は1980年代、彼女がキャスターとして売り出し中の頃に遡る。

私は大学卒業後、テレビ東京に入社し、小池さんが初代キャスターを務めた「ワールドビジネスサテライト」のスポンサーの営業担当をしていたのである。小池さんの収録にも何度か立ち会った。

ワールドビジネスサテライトは今でこそ、経済を専門とする代表的なニュース番組となっている。あまり大きな声では言えないものの、当初は正直、視聴率は芳しくなかった。それでも、この番組のスポンサーは大手広告代理店・電通の「買切枠」で、スポンサーは彼らが集めてくれる、と高をくくっていたものだ。

ところが、番組が始まる直前のこと。協賛が内定していた生命保険会社が、これをキャンセルしてしまう。テレビ東京としては社を挙げてスタートする番組だ。それでスポンサーに穴が開いたとあれば、面子が立たない。代理店に任せずに直で埋めろ、という社命が下り、必死で売り込みをかけることになったのである。色々な会社を足繁く営業に回り、やっとの思いでスポンサー枠を埋めたことを思い出す。そういう意味では、小池さんの冠番組を助ける仕事をしたとも言える。もちろん、小池さんから直接、「ありがとう」と言われたわけではないけれど……。

それが、こんな形で対立するとは、人生、分からないものである。

第8章

杉並百年の計

◉内田秀五郎が遺した功績

杉並区を流れる善福寺川は、神田川の支流の一つだ。その源流を上っていくと、都立善福寺公園の池にたどり着く。その湖畔、木々に囲まれた中に、街を見守るように直立不動の銅像が立っている。「内田秀五郎《ひでごろう》」である。

内田秀五郎は現杉並区の上井草村に明治9（1876）年に生まれ、30歳という若さで当時の井荻村村長に就任。後に都議会議員、そして都議会議長などの公職を歴任し、東京都農業会会長、全国農業委員会協議会会長、東京青果協会会長などの農業分野の仕事も多くこなした、郷土の偉大な大先輩である。杉並区の発展の基礎を築いたと言ってもいい。

前述のように、特別区は戦後、35区から23区に再編されるわけだが、その際の検討会の座長も務めていた。今であれば衆議院小選挙区の区割りを動かすようなものだから、35区を再編するのがいかに大変だったたか、容易に想像がつくというものだ。政治をやっていれば分かるが、相当な貫禄がないとまとめられない「しごと」だったと思う。

地元にとっても、その遺産は大きい。日本の航空機・航空エンジンメーカーの「中島飛行機」を誘致し、軍需産業に連なる中小企業が一時期、集まった。杉並区の災害拠点病院にも指定されている荻窪病院は元々、中島飛行機の従業員のための福利厚生施設としてつくられたものである。

今の西武信用金庫につながる「井荻信用購買組合」や、井草八幡宮の隣にあった青果市場（現在はサミットストア善福寺店）、更にはＪＲ西荻窪駅、西武線の駅の誘致などに取

善福寺公園に残る秀五郎の銅像

井荻町土地区画整理組合の集合写真。前列右から４人目が秀五郎

り組んだ。西武鉄道村山線（現・新宿線）の整備に当たって、井荻町には3駅を設置するよう西武鉄道と交渉した。西武側は当初2駅を主張していたが、最終的には西武側が折れたということである。

そして最も大きな功績は、井荻村（町）の土地区画整理事業だろう。田畑と畦道《あぜみち》が広がる一帯に、碁盤上の道路を敷いたのである。彼は農家出身で、生産物を大八車に乗せて市場へ運ぶのにも、ぬかるみで出荷が大変だったらしい。その頃にはちょうどJR西荻窪駅が開業し、道路整備の機運は高まっていたが、反対運動も強かった。しかし、「信念を持ち、時には夜明かしで話し合いを重ねることで仲間を増やし、それまで反対していた地域も参加して整備を実現した」と記録には残っている。

世代は違うが、あの時代に将来の先見性を持って道路の整備に取り組んだというのは、今考えても尊敬に値する。区画整理事業の話を漏れ聞くと、ぶれないできっちり進めた印象がある。今と同じように「土地を削られた」と言う人が出てきてもおかしくないが、それを道路にしてしまったのだから大したものである。

この秀五郎の功績は、私が推進した「すぎなみ5ストーリーズ」の一つだ。杉並区が令和4

（２０２２）年10月に区政施行90周年を迎えるにあたって、その歴史を語る上で欠かせない出来事について資料を収集し、当時の熱量を「形」として次世代に語り継ごうと提案したものだ。彼の仕事を忘れないように、そしてそこから将来のヒントを見出していきたいと考えたのである。

「5ストーリーズ」では、「原水爆禁止署名運動（原水禁）」「ごみ戦争」も挙げておきたい。

原水禁は昭和29（１９５４）年、ビキニ環礁における水爆実験で起きた、第五福竜丸の被爆事件を受けて始まった署名運動のことである。これはまさに戦後民主主義の物語の一つだが、昭和20～30年代というのは戦争の影響が非常に強く残っていた。「同世代が戦争をやった」という反省も大いにあっただろうし、「戦争を繰り返してはならない」という国民感情が広く、強く共有されていた時代だった。原水禁署名運動の発祥は杉並区にあった公民館で、その中心が館長の安井郁《かおる》さんという国際法学者である。

「平和を守るためには、女性がしっかり勉強し、社会に関わっていかなければいけない」という発想で、安井さんは女性の読書会を始めたのだという。この読書会に参加した女性から触発され、参加の輪が広がったと聞いている。会のメンバーの根底には、原子爆弾・核兵器というのは絶対悪であり、絶対に使ってはならないという考え方があった。

これは純粋に、戦争の体験がある世代だったからこそ出てきたエネルギーだと思う。戦後、女性が参政権を得て、憲法上も男女平等が明記され、社会の中で女性の地位が向上して奮起したことが大きかったのだろう。安井さんは真面目な学者だったと思うが、後に北朝鮮の主体思想に傾倒していったというから、その人に対する評価は色々あるだろうが、それを結びつけなくても当時の第五福竜丸の事件を契機に、女性たちが奮起したという事実が重要だ。見方によっては左派的に捉えられるかもしれないが、左派だけではあのような広範な運動にはなり得ない。杉並区の歴史を考えた時に、大きな出来事として語り継ぐ意義はあると思う。

また、「ごみ戦争」は、当時の都民にとって、深刻な生活問題だ。今でこそ、可燃ごみは全量を清掃工場で焼却し、焼却灰を東京湾埋立地の最終処分場に運搬しているが、清掃工場が足りなかった時代は、生ごみをそのまま江東区の夢の島に持っていって、廃棄していた。そうすると、江東区内ではおびただしい数のハエが発生して、精肉店や魚屋は店頭でハエの襲来を受けることになる。

学校の教室にも入ってくるから、真夏でも窓を開けられず、エアコンも当然ない。家で寝るときは、蚊帳の中だったそうだ。とにかくハエだらけで、平常に生活できないぐらいだった。

一方で東京都は杉並区高井戸に清掃工場を建設すると突然発表したことから、同地域では「迷惑施設」として反対運動が起こってしまった。杉並区で最も古い高井戸小学校の目の前が清掃工場の建設予定地になったことから、地域住民や有力者たちから「学校の目の前が清掃工場の用地で、煙突から出る灰に有害物質が入っていて、子どもの頭上に降りかかる。健康はどうなるんだ」という反対の声が寄せられた。

しかし江東区民からすると、「ふざけるな」という話になる。「俺たちはそんなレベルじゃないんだ。毎日毎日、ハエと戦っているんだ」と。清掃工場を建設して、生ごみを搬入させないようにするのは、彼らの悲願だったのだろう。「清掃工場反対と言っている区のごみは受け入れられない」とばかりに、当時の江東区長がバリケードの先頭に立って、ごみ収集車を止めたことがあったらしい。昭和46（1971）年、美濃部亮吉都知事が「東京ごみ戦争」を宣言した。

結果的には裁判所の和解勧告で清掃工場に当時の最新鋭の技術を導入するとともに、その収集運搬車の搬出入口を学校の前に造らず、地下を通る進入路を作るということで落ち着いた。今、清掃工場の予熱を利用して、それを区民センターの温水プールで使っているというのは、当時からは考えられない話だろう。現在の清掃工場は更に進化し、資料館も併設している。ぜひ、一度見学に行ってほしいと思う。

ごみ戦争を取り上げたのは、単に清掃工場に対する反対運動ということではない。現実に江東区民がごみ問題に困っていて、杉並区にも清掃工場が必要であると理解する一方、地元の子どもを健康被害から守らなければならず、そのために最新鋭の設備と搬入路の問題の解決を図ったのである。後々、建設反対派が「杉並正用記念財団」という団体を立ち上げ、区民センターと共に清掃工場内の「東京ごみ戦争歴史みらい館」を運営するまでに至っている。

反対運動を双方の話し合いで解決して、そして前向きにお互いが責任を持って、自治の一端を担っているという意味では、杉並区において大事な運動だったと言える。実は様々な党派・政治勢力を排除してこの反対運動は展開された。「反対」のための「反対」ではなく、地域に、また都政の課題に真摯に取り組んだ高井戸の諸先輩には敬意と感謝を申し上げたい。

実は「5ストーリーズ」の原案として当初、私がイメージしていたのはこの三つだった。これをどれか一つでも脚本にしてもらい、杉並区の劇場「座・高円寺」(杉並区立杉並芸術会館)で演劇などの形にして、区民に知ってもらえたら、と思っていた。そうすれば、単なる芝居小屋ではなくて、地域の自治とつながる杉並区らしい舞台を作れるのではないか、という発想だった。

それを演出家で芸術監督の佐藤信さんに相談したところ、快諾は得られたが、ストーリーの展開として、「あと二つ加えたらといい」とのアドバイスだった。そうして追加したのが、本場を凌駕するほどの一大イベント「高円寺の阿波踊り」と、被災地支援で作り上げた「スクラム支援会議」だ。そしてこれら「5ストーリーズ」を、電子紙芝居、浪曲、映画などの様々な表現方法を駆使して、幅広い世代に啓発することとした。

ではなぜ、90周年の記念事業に力を入れてきたのか。

これは何も、単なるお祭り騒ぎをしたい、ということではない。私が区長1期目の平成24（2012）年に区制施行80周年記念パレードを見たことがきっかけで、やがて迎える100周年を大きな節目と捉え、区の歩みを次世代にきちんと残したいと感じたのである。人の一生や会社に誕生日や周年事業があるように、区政においても過去を振り返り歴史を知ることは将来の道標になる。単に「何十周年おめでとうございます、乾杯！」ということではなく、これまでの歩みを反省しながら、将来の展望につなげる意図があった。

杉並区は令和14（2032）年に100周年を迎える。大きな歴史の節目だ。ただ、それを2～3年前から準備してやろうと思っても限界がある。だから、90周年で一度、原形を作って、100周年につなげていこうと考えた。

私が職員に言い続けてきたのは、杉並区政の「100年史」をきちんと残さなければいけないということだ。今まで「60年史」までは作ってきたが、実はそこから途絶えている。私の在任中、編纂のための委員会もスタートさせた。そうした歴史に加えて「5ストーリーズ」が毎年いろんな形で浸透していくことで、100周年に向けてアイデアを膨らませていってほしいと考えている。

私の後任の区長は杉並区のまちや歴史をどう捉えているか分からないが、歴史は連綿と続くわけで、単なるイベントとして終わらせてしまったら、そこで途切れてしまう。そうなると、100周年の時に何も残らないのではないか。郷土に対する思い、愛郷心を醸成することで、自分たちが暮らす街に対する愛情や親しみ、誇りといった思いを持つことになり、この町をより良くしようというモチベーションにつながっていくはずだ。

◉杉並最大のまちづくり

杉並区では現在、「阿佐ヶ谷駅北東地区まちづくり」がスタートを切っている。JR阿佐ヶ谷駅に至近のエリアで、地域医療の要である河北総合病院を移転・改築し、その跡地に区立杉並第一小学校を移転させるというプロジェクトだ。共に建築物の老朽化に対応するための取り組みで、杉並区が主体的に取り組むまちづくりとしては過去最大規模のものである。

同地区には元々、森が鬱蒼と茂る大きな私有地があり、杉並区はそこに建っていた「けやき屋敷」が維持されることを前提に、区立小学校の現地建て替えを検討していた。この「杉並第一小学校」は区内でも最も敷地が狭い小学校であり、当時は校庭を屋上に持って行った方が広くスペースを取ることができると判断・提案していたのだが、その後、土地の所有者の意向で「けやき屋敷」を河北総合病院の移転用地として使うことができる、という話が浮上。区がそれまで前提としていた条件が全く異なってきたのである。

実は同地区のまちづくりではかねてから、河北総合病院と区立小学校の用地を交換しながら施設の改築を進められないかという地元の声もあって検討したことはあったのだが、病院と小学校の運営を続けながら建て替えるには仮移転のための用地が必要で、時間もコストも半端ではないということで、区としては現実的ではないという結論を出していたのである。

しかし、「けやき屋敷」が病院移転用地になることでそうした前提が変わる中、私は河北総合病院と区立小学校の改築に絡む一連のまちづくりを改めて研究し直す必要があるのではないかと考え、関係する部課長20人ほどを会議室に集め、率直な意見を聞くことにした。

このとき、大半は従前の計画で進めることを主張した。その理由を聞いてみると、

「『けやき屋敷』を移転用地として使って、病院と小学校が移転・改築できれば理想的だが、病院側と地主さんとの関係がいつ切れるか分からない。極めてリスキーだ」

「両者が破談になれば、区が負うダメージは大きい。区長としても政治責任を問われる状況になりかねないし、先行きが不透明だ」

という。一理はあったが、丁寧に中身を聞いてみると、政策の方向性そのものを否定するのではなく、そのプロセスを不安視する意見がほとんどだった。

会議で「新たな案でまちづくりに挑戦するべきだ」とはっきり言いきったのは二人だけだったのだが、区立小学校の校庭を校舎の屋上に移すという現地建て替えの案自体は子どもにとって決していい教育環境とは言えず、「苦肉の策」でもあったから、私は3者できっちり話し合いをまとめて覚書を積み重ね、約束をお互い守ろうという信頼関係を醸成すれば乗り切れるのではないか、と判断したのである。

このまちづくりを進める上で重視したのは、医療や教育、防災、環境など、トータルな視点だ。河北総合病院は現に、多くの救急医療を受け入れていたのだが、現地には狭隘な商店街があり、無電柱化が進んでいるわけではないから、震災が起きていったん交通が遮断されたら、救急車の受け入れにも支障が出る。

また、区議会からは病院の移転用地になっていた「けやき屋敷」の樹木の伐採に対する批判も

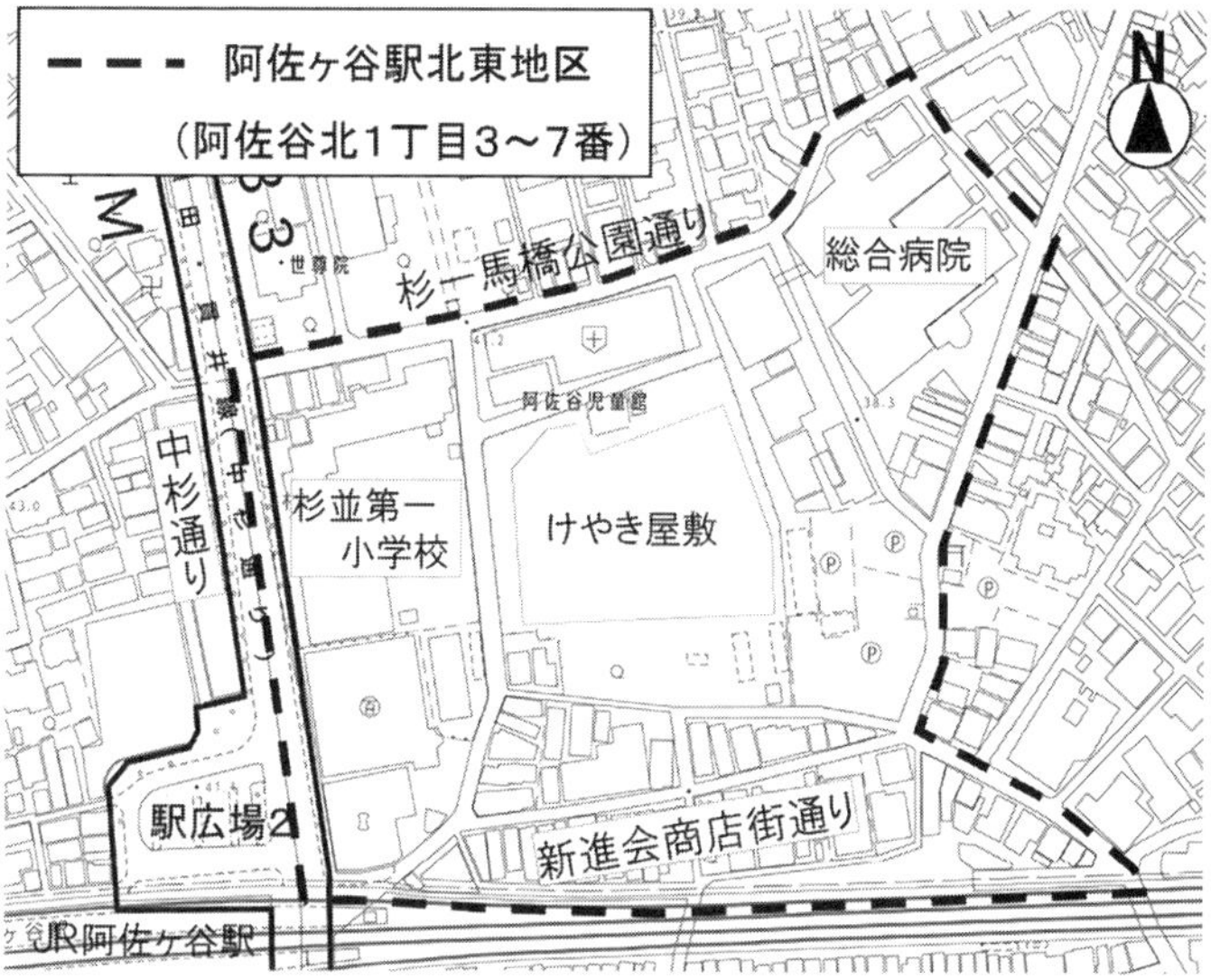

阿佐ヶ谷北東地区の現状

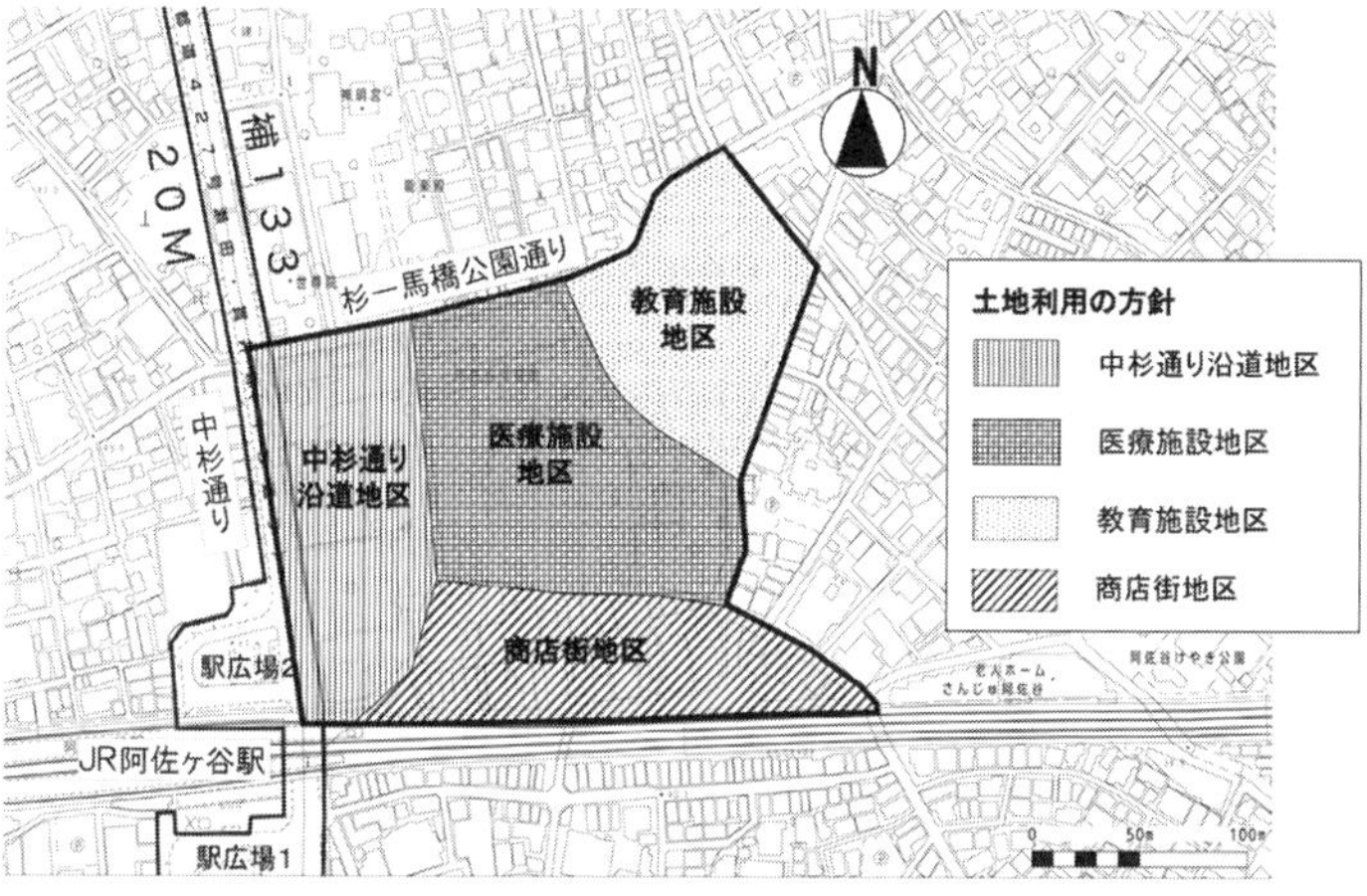

今後の土地利用の方針

上がった。しかし、「けやき屋敷」はあくまで私有地であり、地主さんが土地の活用を考えたいという意向を持っている限りは、それを強制的に押しとどめるというわけにはいかないだろう。地主さんと河北総合病院の2者の利害関係だけで病院の移転・改築を進めるよりも、むしろ区が積極的に関与して3者で協議した方が、医療サービスの向上だけでなく、子どもの教育、環境、防災、そして地域の賑わいを作り出す工夫ができる、と考えたのだった。

私は病院を経営する河北医療財団に「森の中にある病院」というイメージを追求してほしいと要望したところ、財団側もそれに応じて下さり、環境の専門家が加わりながら検討を進めてもらっている。

ただ、現状では資材や労務単価の高騰などの煽りを受け、事業費の増加は必至である。当初の見積もり額とは恐らく40億~50億円程度の開きは出てきているかもしれない。

特に河北総合病院は地域医療の拠点だ。杉並区は人口57万人もの自治体であるにもかかわらず、都立病院や大学付属病院があるわけではないから、いざと言う時は民間の医療機関に頼らざるを得ない。コロナ禍では現実に、感染症に特化した医療サービスが必要になることを突き付けられたのだから、これを教訓にすれば必然的に将来の感染症・災害医療を念頭に置きながら強い医療基盤を構築することが求められる。住民に身近な基礎自治体である杉並区と医療政策を担っている東京都が連携し、医療基盤の整備に資するまちづくりを積極的に支援することが必要になるのではないだろうか。

◉狭隘《あい》道路の拡幅

杉並区のような住宅都市では、防災のためのまちづくりも待ったなしである。首都直下地震のリスクが高まる中で、今最も重要なのが、主に幅員4メートル未満の「狭隘道路」の解消だ。杉並区では実に約3割の道路が狭隘道路であり、主に木造住宅密集地域（木密）を中心に、網の目のように張り巡らされている。木密では延焼が起きやすい上、道路上の電柱が倒れれば消防車や救急車が入るのもままならない。被害が二重、三重に広がりかねないのである。

平時の清掃事業にも支障が出ている。狭隘道路のごみ収集は軽トラックの荷台にごみ袋を積んでいくのだが、車1台に乗っている作業員は2人だ。一方、通常の清掃車は2トンクラスの「パッカー車」と言われる車両で作業員は3人が乗っていて、最低でも軽トラックの5台分以上のゴミを積んで行くことができる。もし狭隘道路を拡幅できれば、軽トラック5台分・作業員10人でやっていた仕事が3人の作業員で可能になるのだ。

また、毎朝9時頃から住宅街を走り回るのが高齢者デイケアサービスの送迎車だ。これが自宅玄関前につけられるか否かは高齢者本人はもとより周辺の交通安全の面から言うと重要な問題なのだ。玄関前が狭隘道路だと厳しいのだ。

そうした問題意識から私が制定したのが、「狭隘道路拡幅条例」である。これは現在の建築基準法では、4メートル未満の道路にしか接していない場合、建築物を建てることは認められず、もし建築物を建てるなら道路の中心線から2メートル後退（セットバック）しなければならないという決まりになっている。

そこでその後退部分に障害物を置いてはいけない、というのがこの条例の内容だ。もし指導や勧告に従わない場合には代執行が可能ということを盛り込んでいる。本来ならセットバックした部分を道路状に整備して道路を拡げることが理想なのだが、この部分が登記上、私有地であることから、道路状に整備する義務を負わせられないという法解釈が主流だ。そこで、せめて障害物を置けないようにしよう、と作ったものである。

住宅などの建築物は建築基準法上、4メートル以上の道路に接していることが定められているが、狭隘道路に面した建築物は道路の中心線から 2メートルの位置までセットバックさせることで改築できるようになる。しかし実際にはセットバック部分にプランターや自動販売機、車両などが置かれ、道路の往来を妨げている現実がある。

実務的には、道路拡幅を担当している現場が苦労を重ねていた。セットバックを終えた住民に対し、担当者が「後退部分に物を置いてはいけません」と呼び掛けるのだが、それだけでは言うことを聞いてくれない住民も出てくる。そこで、区職員の仕事の手助けとなるよう、法令的な後ろ盾を整備したのである。地味な取り組みながら、技術の専門家の間では画期的な条例として、高く評価して頂いている。

ただ、今のままでは限界があるのも事実だ。本来、セットバックは道路の拡幅を前提とするものだから、セットバック部分を「道路にする」ということをルール化したいのだが、そこはあくまでも私有地なので、それをやると憲法上の「私有財産の侵害になる」という法律解釈が主流であることは先述した通りだ。

しかし私は、それでは公共の利益にはならないと考えている。そもそも新築・改築というのは、法律上の規定で4メートル以上の道路に接していないと出来ないわけで、狭隘道路にしか接していない場合は、セットバックにより本来出来ないことが出来るようになる救済的な意味合いがあり、ある意味で「バーター」だ。セットバックして本来建てられないものが建てられる様になるということは建て主に利益をもたらすことになるのだから、単なる私有財産の侵害ではない、と私は考えている。

私有財産を侵害するということは、一方的に所有者に不利益をもたらすことを言うのであり、セットバックすることで所有者自身が利益を得、さらにセットバック部分を道路にしたとすれば、建物周辺の防災力は向上するのだから、それがなぜ私有財産の侵害に当たるのか、そんな法解釈に拘る限り都市政策を進めていく大きな障害になるというのが私の理屈である。

私は区長時代、条例を定めたことで道路の整備がより促進されるならば、無理にセットバック部分を道路にすることを義務化しなくてもいいと考えていたのだが、現に道路整備が期待したほど進んでいないとすれば、やはりより強い新たな条例改正が必要になるだろう。

仮に杉並区がセットバック部分の道路状整備を義務化する条例を制定したら、「私有財産の侵害」による訴訟リスクを抱えることになるだろう。しかし、その時に勝訴の判例を勝ち取れば、全国の都市部の防災対策は飛躍的に前進することになるし、万一、敗訴したとしても社会的に重要な問題提起をすることになるから、チャレンジする価値はあると考えている。

◉不思議な区議会

さて、令和5（2023）年は、統一地方選の年である。杉並区でも、48人の区議会議員が任期を迎え、信を問われるタイミングである。皆さんは区議会議員が普段、どのような仕事をし、そしてどのぐらいの年収があるか知っているだろうか。

正解を言えば、1カ月の議員報酬は59万5700円（区議会議長は85万6千円）。調査・研究・資料作成のために使える政務活動費（非課税）を合わせると、議員一人当たりで1千万円以上に上る。そして議会活動の中で最も大きな仕事と言えば、区政の監視と、区側が提出する議案を審査し、賛否の態度を示すことである。しかし、都議会を経験した私の目からは、時に理解できない議会運営が散見された。

例えば、本会議当日の進行は議会運営委員会で予め、議事を整理すべきだ。都議会では本会議の前段で議会運営委員会理事会（と委員会）を開き、そこでオーソライズされた通りに都議会議長が議事を進行するわけだ。議員が127人もいるため、きちんと進行を整理する必要がある。これに対し、杉並区では議会運営委員会で確認していないような唐突な発言と挙手が相次ぎ、本会議場で長時間にわたり、混乱してしまうのである。

議会を台本通りに進めることは、役人と議員が原稿を読み合うから「学芸会」と批判されることもある。しかし、唐突な発言をもって「議会の活性化だ」と言っているのは、自己満足に他ならない。皆がそれぞれ挙手をして、勝手なことを言いだすのは無秩序であり、「学級崩壊」に近い。議会は議員だけでなく、長時間、区の幹部職員を拘束するから、理事者としては議事を効率よく進めてもらいたいし、誰が見てもパフォーマンスに過ぎない発言に付き合うというのは、時間がもったいないのである。

私も都議会議長の経験があるが、議長というのは権限があるように見えて、実はあまり権限はない。議長として選出されたということは、議会全体の同意があることを前提に、議長の職権を行使するということである。もし、議長が個別の挙手に対し、指名して発言を許可するというのであれば、予めそういった整理をしておかないと、発言が延々、繰り返され、議論が堂々巡りになりかねない。

ところが、杉並区の場合は議会運営委員会でそういうことがきちんと整理されず、本会議で挙手をする議員が大勢いるのである。そして議長がそれを逐一、指名しているのだから、職権乱用と言わざるを得ない。議会全体の合意もないまま挙手した議員を指名するという仕切りは、都議会であれば議長不信任にも該当する案件だ。東京都や特別区のような大きな議会で発言が乱発されたら、議会運営は無秩序になってしまう。

議長は議会運営委員会の決定通りにタクトを振らなければならないし、もし議運の決定以外に挙手があったら、その場で発言の取り扱いを全議員に諮るか、改めて議会運営委員会で取り扱いを議論するかを選ぶ必要がある。

これだけ区議会を批判すると、「議会軽視」と言われるかもしれない。しかし実は杉並区においては全く逆で、むしろ丁寧に議会の審議に応じていた。

最たる例が、新型コロナ対策の補正予算だ。コロナ対策は時々刻々と事態が変わるため、行政としても臨機応変に対策を求められた。緊急事態宣言の対応や医療・PCR検査、ワクチンの体制整備……これらの予算を措置するため、各自治体は「補正予算」を議会に対して示し、審議の上、成立させることになる。

ただ、緊急を要する場合には、「専決処分」と言って、首長の判断で予算を成立させてしまい、議会には事後に承認を求めるケースも少なくない。事実、東京都はコロナ禍で平成31～令和3（2019～21）年度、補正予算を専決処分したのは計15回で合計2・4兆円分に上るとのことだった。多くは緊急事態措置や蔓延防止措置に伴う休業・時短営業要請の協力金を措置したケースである。

東京都は「議会の閉会中に新規感染者が増加する局面などでは、学校の臨時休業への対応や、緊急事態措置の延長に伴う感染拡大防止協力金の支給など、様々な対策を直ちに講じる必要があった」などと説明しているようである。

しかし、これには行政的な問題もはらむ。議会に諮らずに予算を決めてしまうため、民意を確認することができないからだ。また、専決処分で迅速に対応しているという姿を示すことで、あたかもリーダーシップを発揮しているパフォーマンスとして使われている節もある。

翻って、杉並区ではコロナ対策の予算措置を講じるにあたって、一度もこの「専決処分」を使ったことはない。区議会の軽視というのは全く的外れな批判であり、きちんとステップを踏んでコロナ対策を成立させている。


区議会に困っていたのは、私だけではない。実は、杉並区の職員も議会対応に疲弊して、管理職になろうとしないのだ。課長以上の管理職になるには、昇任試験を受ける必要があるのだが、その受験者が減っているのである。

大きな原因の一つは、議会からの質問通告だ。例えば議員によっては、議会直前に大量の質問を通告してきて、最終的に相当数をキャンセルしてしまう。そうした議員とのやり取りを間近に見ていて、若い職員も「ああ、管理職にはなりたくないな」と思うわけである。私は区職員との懇親会で、何度かこういった「本音」を聞かされた。しっかり議会が常識を踏まえてくれないと組織上、管理職になり手がいなくなり、困るのである。

管理職の仕事は部下のマネジメントと、議会対応が主である。そういう意味では、区議会が良質に生まれ変わらないと、管理職としてもモチベーションが上がらない。

二元代表制なのだから、区議会だろうが区長だろうが、常に区政に責任を持つことを考えてほしいし、言いっ放しで終わるのではなく、自分で区政を背負うという気概を持ってもらいたい。

私は都議会議員時代、「都政のドン」とも言われた自民党の重鎮や公明党のベテラン議員とも長くお付き合いしてきたが、彼らは泥を被ってでも東京都政をこうしようという思いがあって、その結果責任は背負っていた。それに比べて、肝心なことは区側に丸投げ、他人の足を引っ張るような批判しかできない杉並区の一部の議員とは雲泥の差である。杉並区議会では政策的な批判というよりも根拠のない人格攻撃も多く、何度、同じ答弁をしたか分からないほどだ。

単に役人を困らせるだけの質問をぶつけることに快感を覚えているような議員もいかがなものだろうか。こちらはそのために膨大なエネルギーを組織として割かれてしまう。それでいて議員本人は「職員の残業が多い」などと詰め寄るのである。

地方議会というのは、地域住民に密着している割には、国会ほどニュースで取り上げられるわけでもなく、目立たない。本来は身近な政治であるはずなのに、実は国家より遠い存在かもしれない、と思うこともある。区議選では、区民は親近感がある人に投票する傾向が強いと言われるが、その人たちが議会に出て来て何をやっているのかは、ほとんど客観的には有権者に伝わらないのが実情だ。

杉並区が提出する議案に対して反対の立場であっても、一定の筋道を通して議論をぶつけてくる議員もいる。それ自体は、私たちとは考え方が違うというだけで、結構なことだ。しかし、議決態度と整合しない態度を平気で取るモラルの低い議員については、有権者がもう少し、厳しくチェックしてもらいたいと願うばかりだ。

◉自治を預かる情熱

政治家に限らず、責任を取りたくないというのは役人でも同じで、職員を見ていても、自己愛が強くて責任を取りたがらない人と、そうでもない人がいた。

私はかつて、テレビ東京という民放の中では小さな会社にいたが、他局が報道をやっている時にアニメをやって、視聴率を取ったら『それがうちの独自性だ』と胸を張っている局長がいて、くだらないことを言っているな……と心中で思ったものだ。

テレビと言えば電波法の免許制で、公共の電波だから、それを預かっている立場としてこういう場面の時に自分たちは最低限、やらなければいけないことがある、と言う発想ではなく、視聴率を優先した発想でやっていたわけだ。当時の社長は「負け犬根性を持つな」と訓示していたのだが、編成自体が負け犬根性ではないか。若いころだったから、上司を半分、軽蔑していた思いがある。

当時考えたのは、小さい会社だとどうしても小さい発想になってしまうということだ。例えば僅かな制作費では他局と勝負できないために、自分たちが最大利益を上げられる編成を考えようとしてしまう。そうすると、他局が連日、あさま山荘事件を報道している横で、アニメを放送してしまうという編成が正当化されるわけだ。

人を育てて組織を大きくするためには、今は僅かな製作費だからその仕事をこなさないといけないのだが、そこから脱皮して行くためにはそれに止まらず、もし自分に100倍の制作費があったら何を作りたいかを常に関心事として勉強して、他局が作った番組もそういう目線で研究して吸収するというのが大事だと思っていた。

組織というのは、一人ひとりが自分を磨いていく努力を他人よりもするかどうかで、将来伸びるかどうかが決まってくる。だから、東京都だと五輪・パラリンピックのような大きな仕事ができるが、基礎的自治体だと悪い言い方をすればその下請けのような仕事を引き受けなければいけない。

だから、私が常々、区の職員に言ってきたのは、「東京都の役人がどういう発想で何を考えて、何をやっているかには常に関心を持っていなければいけない」ということだ。別の言い方をすれば、「自分が東京都の役人であればこうする」「中央省庁の官僚なら、こうすべきだ」ということを常に考えてみるといい。東京都は組織が大きい代わりに、区がやっていることの多くは知ったかぶりをしているだけで、実務を知らない。立場上のアドバンテージだけで接する人もいるだろう。

大事なのは、世界の中の日本であり、東京の中の杉並区であることを意識して、最前線の区が東京都や国に何を発信すべきかを常に考えることだ。時として東京都や国を動かすことに繋がり、有意義な仕事ができるようになるはずだ。

私が区長になって痛感したのは、少子化にしても高齢化にしても真っ先に問題が発生するのは基礎自治体である区市町村だということだ。保育園にしても学童保育にしても、その実情を国の役人はほとんど知らない。それで国のキャリアが杉並区に人事交流で来たり、杉並区の職員が厚生労働省に行ったりしていたのである。

その意味で、特別区は世界で前例のない少子高齢化が進む大都市の最前線であり、その経験は日本と同じ少子高齢化が進むであろう海外でも役に立つはずだ。また、これらの課題を解決するためには、前例にない取り組みが必要であり、行政の障壁を超えるためのチャレンジも欠かせない。私が区長を務めた12年間、区の職員たちは本当によく頑張ってくれたと思う。感謝したい。

同時にもう少し大きく物事を捉え、「このまちをこうしよう」というロマンを持ってくれたらと思うことも少なからずあった。最先端の自治体行政を担う気概と情熱を持って頑張ってもらいたいと切に願う次第である。

あとがき

私は地方自治に関わって、30年以上になる。令和4（2022）年の区長選は、不本意な結果に終わったが、自分が理不尽だと思う人たちの支持を得るために自説を曲げず、頭を下げなかったことを全く後悔していない。もちろん選挙の結果は厳粛に受け止めているし、私も気が緩んでいたという反省点は大いにある。ネガティブ・キャンペーンに対して、もう少しきちんと反論した方がよかったという思いがないわけではないが、「敗軍の将、兵を語らず」で、全部、私の責任である。

区政の舵取りについて、神様ではないから100％正しいことをやってきたと言い切れないが、私としては公明正大に取り組んできたつもりである。「区政の私物化」と言われるような不正ももちろんない。

首長としてリップサービスを連発し、人気取りに走ることは簡単だ。しかし、それでは区民や将来世代に対して無責任である。「都民・区民に好かれたい」という自己愛の強い人は政治家をやらない方が住民のためであるとつくづく思ってしまう。

昨今、少子化対策が叫ばれているが、杉並区では幸い、この間の子育て施策の成果の上に子育て世代が増加し、高齢化率はほぼ横ばいになってきた。特別養護老人ホームの入所待機者もほぼ解消してきている。とはいえ、少子高齢化対策はこれからが正念場だ。まちづくりも震災対策もそうである。東京は今、大きく変貌しようとしている。そうした中でいかに都市基盤を整備し、安全で快適な環境を作るのか、そのビジョンがなければリーダーとは言えない。

上から目線で語るつもりはない。私は地位が高い人に無批判的に媚びたり、私利私欲のために動いたりしたことはない。区長選での苦杯にもかかわらず、私には幸いなことに変わらず応援し続けてくれる支援者がいる。私はこれからもスタンスを変えず、自説を曲げることなく地域社会のための仕事をしたいし、実直に政治活動に取り組んで行きたいと思っている。

結びに、本書の出版に当たっては、様々な方のご指導を頂いた。そのお一人お一人に感謝を申し上げたい。特に、髙和弘さん、石元悠生さん、都政新報社出版部の皆さんには様々なご助言とご助力を頂いた。本当にありがとうございました。

区長就任12年間の実績

平成22年度	●**区長就任** ●多選自粛条例廃止
平成23年度	●自治体スクラム支援会議結成（3.11南相馬市支援） ●安心おたっしゃ訪問開始 ●全区立小中学校普通教室にエアコン設置完了 ●台湾との中学生野球交流事業開始 ●杉並区減税基金条例廃止 ●杉並区基本構想（10年ビジョン）策定 ●青梅市、武蔵野市、北塩原村と「災害時相互援助協定」締結 ●区民一人一日当たりごみ量23区最少
平成24年度	●特養ホーム10年で1,000床整備計画スタート ●次世代育成基金創設 ●産業振興センター開設 ●東電グラウンド取得 ●区制施行80周年記念式典・まつり開催 ●杉並区就労支援センター開設 ●中学生小笠原自然体験交流開始 ●待機児童対策緊急推進プラン策定（H24～26年度） ●全区立小中学校耐震化完了 ●忍野村、南伊豆町と「災害時相互援助協定」締結
平成25年度	●小笠原村と中学生の交流事業を推進するための共同宣言に調印 ●国との財産交換発表（あんさんぶる荻窪⇔荻窪税務署等） ●台湾政府、台北市、中国青年救国団と「青少年交流

推進事業宣言」調印
- （仮称）荻外荘公園用地取得
- 施設再編整備計画策定

平成 26 年度	●大宮前体育館移転開設（荻窪小跡地） **●区長再選　2期目** ●狭あい道路拡幅整備に関する審議会設置 ●区立小学校理科教室にエアコン設置着手（全校設置完了） ●全国初 重症心身障害児保育園「ヘレン」開園 ●杉並ナンバー交付開始（車のナンバープレート） ●公益財団法人陽明文庫との「資料調査や展示に関する覚書」締結
平成 27 年度	●杉並和泉学園開設（区内初の施設一体型小中一貫教育校） ●国立台湾戯曲学院と「文化・芸術の相互交流推進宣言」調印 ●豪ウィロビー市と「友好都市協定締結 25 周年宣言書」調印 ●第 1 回東京高円寺阿波おどり台湾公演開催 ●第 1 回地方創生・交流自治体連携フォーラム開催 ●重症心身障害児通所施設「わかば」開設 ●杉並区まち・ひと・しごと創生総合戦略策定 ●震災救援所（34 か所）において、太陽光発電機器等の設置を開始（平成 29 年度完了）
平成 28 年度	●成田西ふれあい農業公園開設 ●すぎなみ保育緊急事態宣言 ●妙正寺体育館リニューアルオープン ●韓国ソウル特別市瑞草区と「友好都市協定締結 25 周年宣言合意書」調印

	●子ども・子育てプラザ和泉開設 ●改正狭あい道路拡幅整備条例施行
平成 29 年度	●下高井戸おおぞら公園開設（旧東電グラウンド） ●第２回東京高円寺阿波おどり台湾公演開催 ●阿佐谷北東地区まちづくり整備方針策定 ●区独自の地震被害シミュレーション実施 ●全国初区域外特養ホーム「エクレシア南伊豆」開設 ●ウェルファーム杉並複合施設棟開設
平成 30 年度	●４月１日保育待機児童ゼロを達成 ●子ども・子育てプラザ天沼開設 **●区長再選　3期目** ●子ども・子育てプラザ成田西開設 ●永福体育館移転開設・ビーチバレーコート開設 ●荻窪駅周辺都市総合交通戦略策定 ●（仮称）荻外荘公園整備基本計画策定 ●第二次救援所（各地域区民センター）へ自家発電設備の設置を開始
平成 31 年度	●４月１日保育待機児童ゼロを達成（２年連続） ●東京オリンピックの開催に向け、イタリア、パキスタン、ウズベキスタン３か国の事前キャンプ受入協定の締結 ●区立小中学校体育館へエアコンの設置開始（令和３年度完了予定） ●「杉並区新型コロナウイルス感染症危機管理対策本部」設置 ●高円寺地域型子ども家庭支援センター開設 ●子育て寄りそい訪問（ハロー！なみすけ訪問）開始 ●水害ハザードマップを改定し区内全戸に配布 ●就学前教育支援センター開設

令和２年度	●４月１日保育待機児童ゼロを達成（3年連続） ●区内基幹４病院に発熱外来設置支援、経営支援包括補助の実施 ●区内医療機関等における PCR 検査体制の拡充 ●杉並区基本構想審議会を設置し新たな基本構想の審議を開始 ●中央図書館リニューアルオープン ●勤労福祉会館・西荻地域区民センターリニューアルオープン ●新たな多世代型施設「コミュニティふらっと」開設 ●児童・生徒１人１台専用タブレット端末の配備 ●区立小中学校特別教室へのエアコン設置完了
令和３年度	●４月１日保育待機児童ゼロを達成（4年連続） ●農福連携農園「すぎのこ農園」全面開園 ●新型コロナウイルス感染症ワクチン接種（1･2回目）開始 ●東京2020オリンピック競技大会事前キャンプ受け入れ ●新型コロナウイルス感染症自宅療養者支援ステーション開設 ●新たな杉並区基本構想の策定 ●特別養護老人ホーム「10年1,000床整備計画」達成 ●新型コロナウイルス感染症ワクチン接種（3回目）開始
令和４年度	●区立小中学校体育館へのエアコン設置完了 ●４月１日、保育待機児童ゼロ達成（５年連続） ●（新）阿佐谷地域区民センター開設 ●立体都市公園「阿佐谷けやき公園」開園 ●松庵梅林公園開園

数字で見る
この間の杉並区

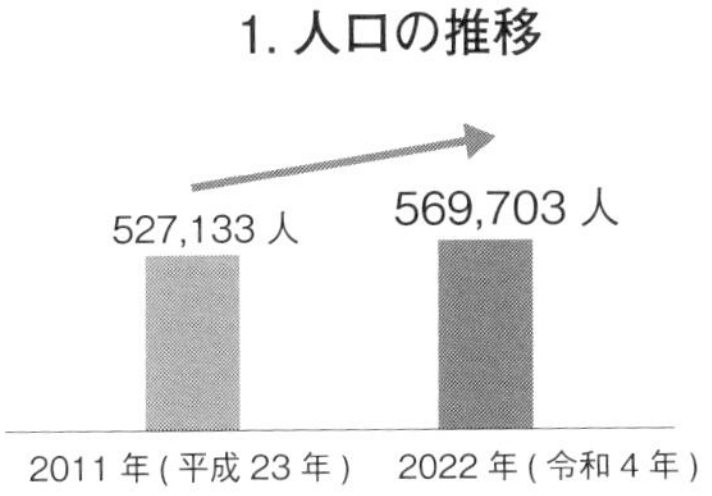

子育て世代の人口増で、高齢化率は**21%**。
東京都 23% 全国 28% を下回る。

2022年の人口ピラミッド

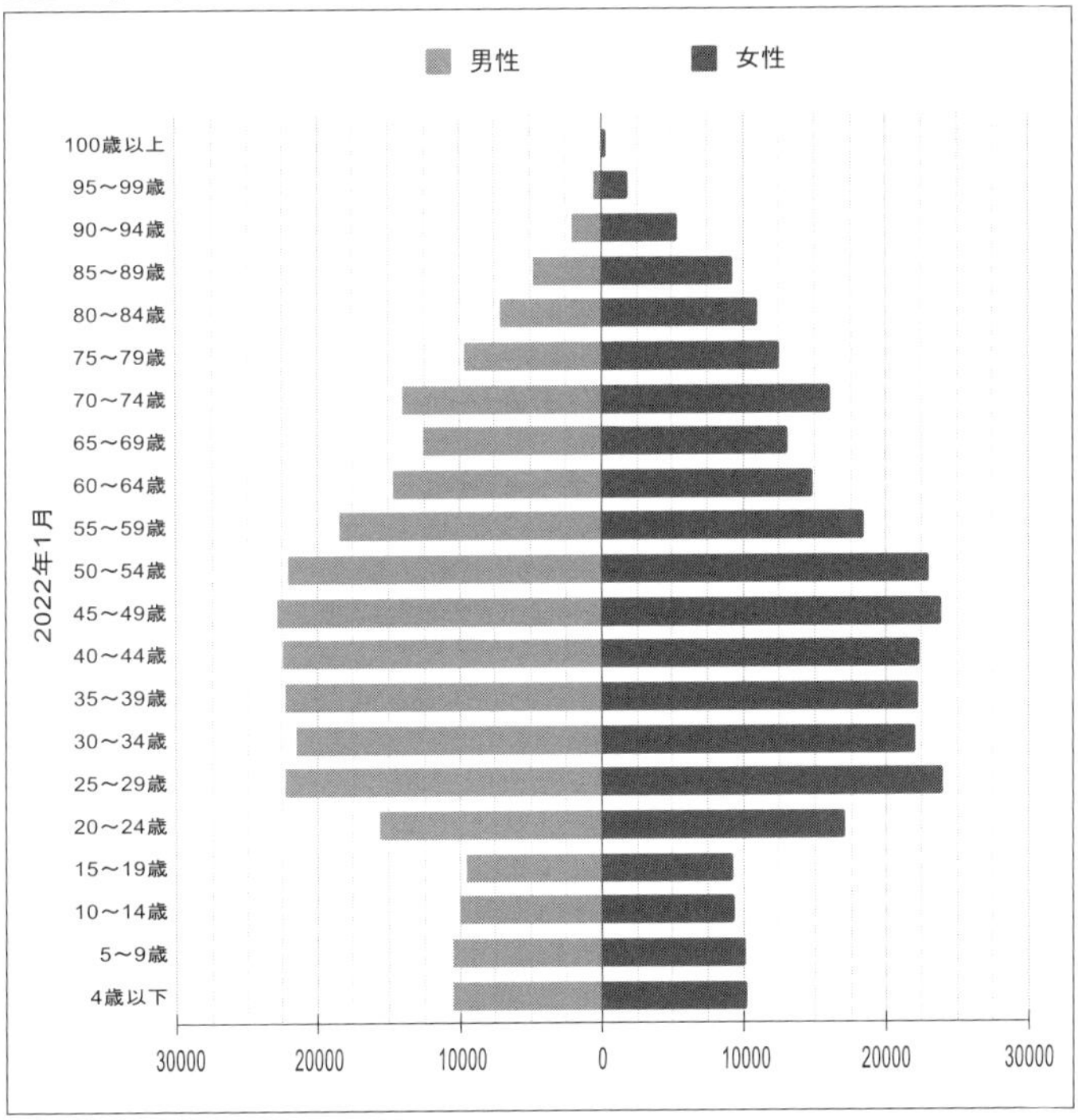

2. 認可保育所、保育園待機児

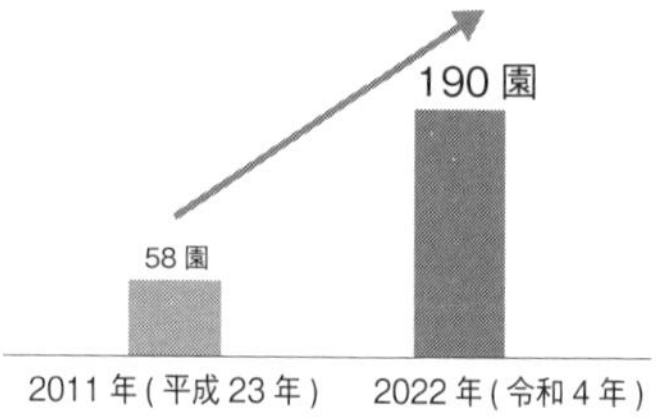

5 年連続
待機児童ゼロ→子育て層の増加

3. 特別養護老人ホーム
ベッド数

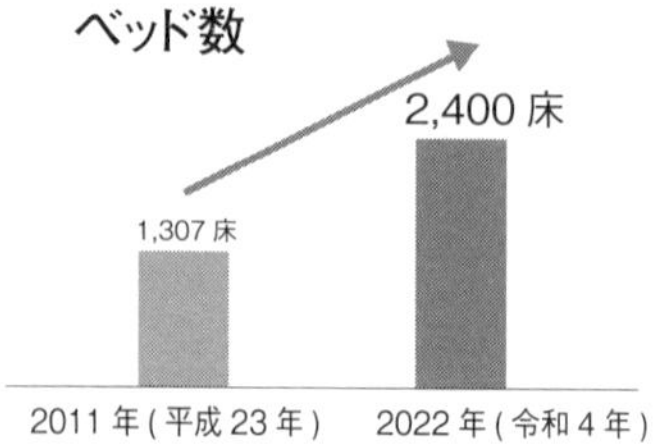

要介護度 3 以上の待機者は
ほぼ解消

4. 区内建築物耐震化率

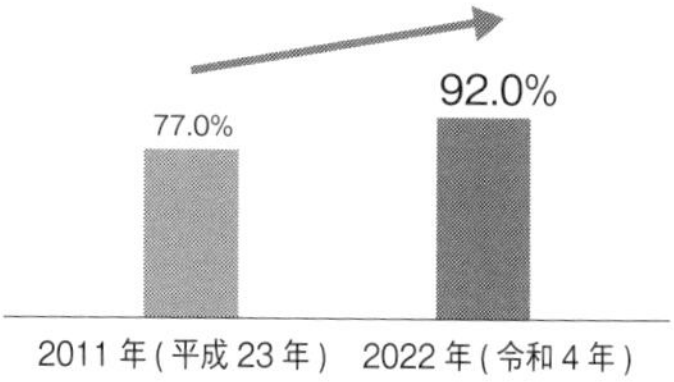

5. 財政調整基金残高

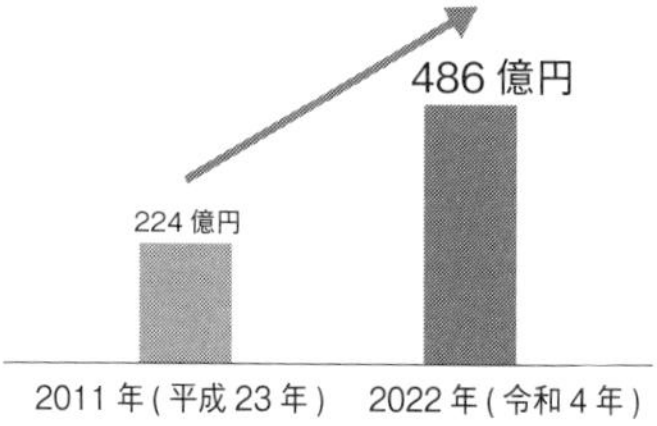

23 区で 2 番目 **過去最大**

6. 区民の区事業・
サービスへの満足度

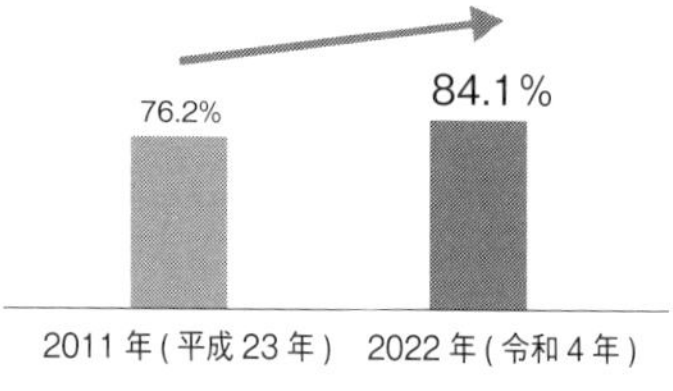

7. 住みよいまちだと
思う人の割合

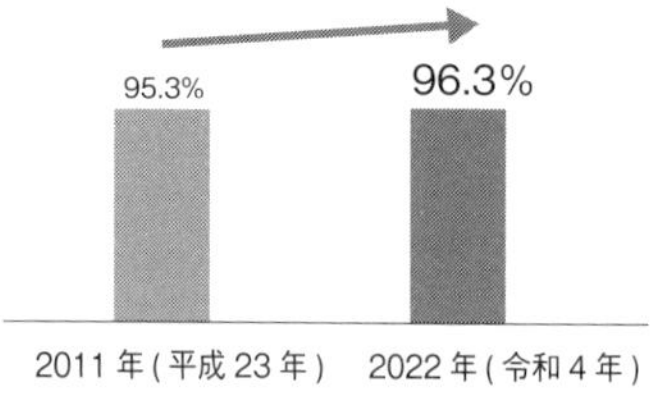

田中　良（たなか・りょう）

昭和35年、杉並区生まれ。明治大学政治経済学部卒業。テレビ東京勤務を経て、平成３年、杉並区議選に初当選（１期）。平成５年、都議選に当選（５期）、都議会議長（歴代最年少）などを歴任。平成22年、杉並区長選に当選し、３期務めた。

（連絡先）〒167-0022
杉並区下井草5-10-23
TEL: 03-3301-3301
FAX: 03-3301-3360
Mail：tanakaryo@tanakaryo.com
ホームページ：https://tanakaryo.com/

公文書に載らない
東京都政と杉並区政

定価はカバーに表示してあります。

2023年３月31日　初版第１刷発行
2024年11月８日　初版第２刷発行

著　者　**田中　良**
発行者　吉田　実
発行所　株式会社**都政新報社**
〒160-0023
東京都新宿区西新宿7-23-1　TSビル６階
電 話：03-5330-8788
FAX：03-5330-8904
振 替：00130-2-101470
ホームページ：http://www.toseishimpo.co.jp/
デザイン　荒瀬光治（あむ）
印刷所　藤原印刷株式会社

乱丁・落丁は、お取り替え致します。

ISBN 978-4-88614-277-1 C 0031